Karl Heinz Hanisch

Gartenfreuden – selbst erleben

Anlage und Pflege eines Gartens

Mit 26 zum Teil farbigen Abbildungen

Droemer Knaur

Gesamtauflage 45.000

Satz und Druck Druckerei Georg Appl, Wemding
Einband Verlagsbuchbinderei Conzella, München
Umschlagfoto Elisabeth Hase, Frankfurt/M.
Printed in Germany 4 · 5 · 77
ISBN 3-426-02238-9

Inhalt

Schnittmuster für einen Hausgarten

Der Garten ist zur Freude da

Was erwartet der Mensch von seinem Garten? Er erwartet das Unerwartete: den Rauhreif an einem Wintermorgen; am Futterhäuschen einen bunten Vogel, den er noch nicht kennt; einen aufblühenden Krokus im tauenden Schnee; das vorher nie erlebte Licht einer Abendstunde, wenn die Haselnuß blüht; das Wiedersehen mit einer vergessen geglaubten Akelei; die täglichen, niemals vorhersehbaren Veränderungen durch das Wachstum der Pflanzen, das Leben der Tiere, die Einwirkungen des Wetters, den Wechsel der Jahreszeiten. Die Erlebnismöglichkeiten sind unbegrenzt.

Er erwartet den vom Wetter und von der Vegetationsentwicklung abhängigen plötzlichen Wohlgeruch von Blättern und Blüten, den er bereits am Gewimmel der Bienen über dem Resedakraut und an den Schmetterlingen an der Buddleienblüte erkennt; die Entdeckung, daß eine im Garten reif gewordene Erdbeere viel aromatischer ist, als es Früchte derselben Sorte sind, die man auf dem Markt bekommt; die Verwunderung, daß selbst in nördlich gelegenen Gärten eine Weintraube süß wird, um die er allerdings zur Abwehr von Vögeln und Wespen eine gazeartige Hülle legen muß.

Er erwartet die unverhoffte Entdeckung, daß nicht nur Regen Geräusche verursacht, sondern auch der Schnee; die Möglichkeit der Zeitbestimmung ganz früher Morgenstunden durch den Vogelgesang im Frühling, der an manchen Tagen geradezu in Lärm ausartet; das je nach Art, Trockenheitsgrad und Schichtung des Holzes unterschiedliche Knacken und Knistern des Kaminfeuers; das Zirpen von hohen Gräsern und das Rascheln der trockenen Blätter im herbstlichen Wind.

Er erwartet die immerwährende Neuentdeckung des Wohlbehagens nach den Tätigkeiten mit Spaten, Hacke, Harke oder gar der Sense. Hermann Mattern schreibt in seinem Buch vom Gras, das nicht mehr wachsen darf: »Es gibt ein ganz besonderes Körpertraining, das alle Gliedmaßen beansprucht, das im rhythmischen Wechsel die Muskeln spannt und entspannt und das die so empfindlichen Rückenwirbel in therapeutisch drehende Bewegung versetzt. Es gibt eine Freizeitbeschäftigung, die sowohl Köpfchen als auch Temperament verlangt und die überdies nicht nur Spaß macht, nicht nur Selbstzweck ist, sondern außerdem eine besondere Wirkung auf unsere Lebensgrundlage ausübt und somit das Lebensziel steigert: Es ist das Mähen mit der Sense.«

Der Gärtner erwartet aber auch die plötzliche Wonne nach dem Entschluß, an einem sonnigen Tag im April beim Pflanzen der Sommerblumen das Hemd auszuziehen; ebenso die lang anhaltende Erfrischung, wenn in einer Nacht im heißen Sommer plötzlich Tau gefallen ist und man barfüßig durch das kalte, nasse Gras geht.

Er erwartet das Empfinden ganz neuer Freuden beim Basteln eines Vogelnistkastens, einer Windfahne, einer Gießkannendusche im Apfelbaum, beim figürlichen Behauen und Bemalen eines alten Baumstammes, beim Spiel mit einem runden Stein oder mit Kugeln aus Holz, beim Bepflanzen einer Tonschale, beim Binden eines Straußes, beim Erproben neuer Fruchtgetränke, Marmeladen und Gewürze.

Schließlich erwartet der Mensch im Garten – in der Ruhe einer Lesestunde, beim Nichtstun und beim Wachtraum – die unerwarteten Eingebungen seiner Phantasie, angeregt durch das sich unaufhörlich ändernde Leben ringsum und durch die Wahrnehmung der Natur mit allen seinen Sinnen. Und er hofft – als vielleicht schönste Bestätigung seiner selbst – auf Ergebnisse des eigenen Denkens.

Alles dessen – und es gibt noch eine unendliche Fülle an Beispielen für die Erwartung des Unerwarteten – ist sich der Gärtner in seinem Garten natürlich nicht oder doch nur selten bewußt. Wie er so dahingeht, hat er keine Philosophie unter dem Strohhut, sondern allenfalls Gedanken an seine Strohblumen, die er gerade aussäen will.

Strohblumen, viele andere Blumenarten, schönblättrige Pflanzen und sogar Bäume gibt es aus allerlei Kunststoffen; sie stammen meist aus Hongkong. Auch aus geringer Entfernung sind diese Erzeugnisse von natürlichen Pflanzen nicht zu unterscheiden. Es gibt sogar aus Acrylfaser hergestellten Rasen, der nur ausgerollt zu werden braucht. Mit alldem wäre ein Garten billig und dauerhaft zu dekorieren. Doch unser Gärtner unter seinem Strohhut denkt nicht daran. Seht, wie er sich müht, das Land umzugraben, damit die Strohblumen ausgesät werden können. Er zwingt sich zur Geduld, zum Warten, zum Hoffen, er nimmt die Möglichkeit des Vogelfraßes und der Raupenplage in Kauf, und dieses alles tut er instinktiv und immer wieder, um das Unerwartete erleben zu können.

Gut planen, wenig ärgern

Voraussetzung für diese Erlebnisvielfalt ist natürlich ein Garten, der von vornherein richtig gegliedert und gestaltet worden ist. Zwar bleiben sich die Grundregeln der Gartengestaltung immer gleich, doch die Auslegungsmöglichkeiten sind derart zahlreich, daß man mit der Erläuterung der Varianten nie an ein Ende käme. Als Vergleich läßt sich der maßgeschneiderte Anzug anführen. Von modischen Schwankungen abgesehen, werden beim Zuschnitt und beim Nähen stets dieselben Regeln des Schneiderhandwerks angewendet. Doch die Neigung zu diesen oder jenen Stoffen und die Körpermaße derjenigen, die einen Anzug in Auftrag geben, sind stets unterschiedlich. Und wie man den Schneider für seinen neuen Anzug braucht, so wäre es am richtigsten, einen Fachmann zumindest für die Grundplanung des Gartens zu Rate zu ziehen. Der erfahrene Gartenarchitekt hat sehr bald heraus, wie die grüne Umwelt beschaffen sein muß, in der sich ein bestimmter Mensch wohl fühlt. In vielen Fällen reicht dazu aber nicht das Geld, und man muß selbst versuchen, den Garten zu gestalten.

Dieses Buch soll einige praktikable Anregungen und Hilfen für die eigene Arbeit geben.

Als Grundlage dient zunächst ein Plan, der von dem Gartenarchitekten Karl Plomin in Hamburg gewissermaßen aus dem Stegreif entworfen wurde. Stellen wir uns ein junges Ehepaar mit zwei Kindern vor. Das Haus ist gerade gebaut worden, und der Garten in einer Ausdehnung von 600 Quadratmetern ist noch so leer wie die Welt am ersten Schöpfungstag. Das Geld ist zwar für den Hausbau draufgegangen, aber man ist jung und kräftig genug, den Garten selbst anzulegen. Da es dem jungen Mann an handwerklichen Talenten nicht mangelt, brauchen Maurerarbeiten und das Verlegen der Platten nicht in Auftrag gegeben zu werden. Die Kinder sind vier und acht Jahre alt. Die junge Frau möchte zumindest diejenigen Gemüsearten selbst heranziehen, die im allgemeinen zu Salaten zubereitet und roh gegessen werden. Eine Liebhaberei des Mannes sind Fische und Wasserpflanzen.

Zunächst war auf dem skizzierten Plan nur der Grundriß des Wohnhauses und die Grundstücksgrenze zu sehen. Sodann wurde der Maßstab eingetragen. Bei Vergrößerungen und bei Verkleinerungen des Planes verändert sich dieser Maßstab in demselben Verhältnis, wie sich die übrigen Linien verändern. Man kann also immer abmessen, daß dieser Garten eine Breite von 20 Metern hat. Eine genaue Überprüfung ergibt jedoch, daß die Entfernung zwischen den äußeren Rändern der beiden Hecken nur etwa 18

Meter beträgt. Das ist ganz richtig, weil eine Hecke im Zweifelsfalle so gepflanzt werden muß, daß sie sich ohne Betreten des Nachbargrundstückes auch auf der äußeren Seite bearbeiten läßt.

Vorher wurde zur Orientierung der Nordpfeil eingezeichnet. Das Haus ist mit den Wohnräumen, der Terrasse und den noch anzuordnenden Sitzplätzen ganz nach Süden geöffnet. Die Wohnräume draußen und drinnen liegen in voller Sonne. Diese Ausrichtung muß jedoch nicht in jedem Falle günstig sein. Vor allen Dingen in Süddeutschland und besonders in freien Lagen ist es oftmals vorteilhafter, ein Haus mit seinen Wohnräumen nach Nordwesten auszurichten. Denn was nützt mir im Sommer der schönste Garten, wenn er durch die heruntergelassenen Jalousien nicht zu sehen ist. Die Sonne kann wie ein Scheinwerfer blenden, und ein Garten in ständigem Gegenlicht wirkt schwarz. Unser Beispiel entspricht aber mit der Himmelsrichtung der Situation, wie sie am häufigsten anzutreffen ist und auch angestrebt wird. Deswegen wird die Terrasse im Winkel der beiden Hausflügel überdacht. Man kann eine Pergola bauen und sie von Rosen, Waldreben oder anderen Kletterpflanzen überwachsen lassen. Besser wäre ein regelrechtes Wetterdach, weil es ganz besondere Erlebnisse sind, bei einem Gewitterregen im warmen Sommer draußen sitzen zu können. Die überdachte Terrasse wird dann zur Seite hin erweitert, weil man ja nicht nur im Schatten, sondern viel öfter in der Sonne sitzen oder liegen möchte. Es ist gleichgültig, ob die überdachten und die im Freien liegenden Plätze gepflastert oder mit einem Belag aus quadratischen Steinplatten versehen werden. Ideal, aber auch am teuersten sind gesägte Platten aus Sandstein oder Schiefer. Am preiswertesten, doch ebenfalls sehr schön, sind Platten, die aus Beton mit Einmischungen von farbigem Gesteinsmehl bestehen. Zur Gartenmitte hin soll unsere Terrasse durch eine rechtwinklige Mauer begrenzt werden, die nur 45 Zentimeter hoch ist und sich deshalb gleichzeitig als Sitzbank eignet, wenn man Schaumgummikissen auflegt. Der Winkel eignet sich nun vorzüglich als Sitzplatz im Freien. Es muß vorweg gesagt werden, daß dieser Teil der Terrasse während der Mittagsstunden und am frühen Nachmittag im leichten Schatten des noch zu pflanzenden Hausbaumes liegen soll.

Zu den schönsten Erlebnissen in den Abendstunden gehört das offene Feuer. Es braucht sich dabei nicht unbedingt um einen Kamin zu handeln, denn es genügt eine ganz einfache Feuerstelle. So etwas läßt sich mit Schamottesteinen und Lehm leicht machen. Es wird nur ein viereckiges, 40 Zentimeter hohes Mäuerchen aufgebaut. Ein besonderer Boden ist nicht erforderlich. Allerdings müssen an jeder Mauerseite unten zwei Steine ausgespart werden, so daß Luft an das Feuer kommt. Die Mauer

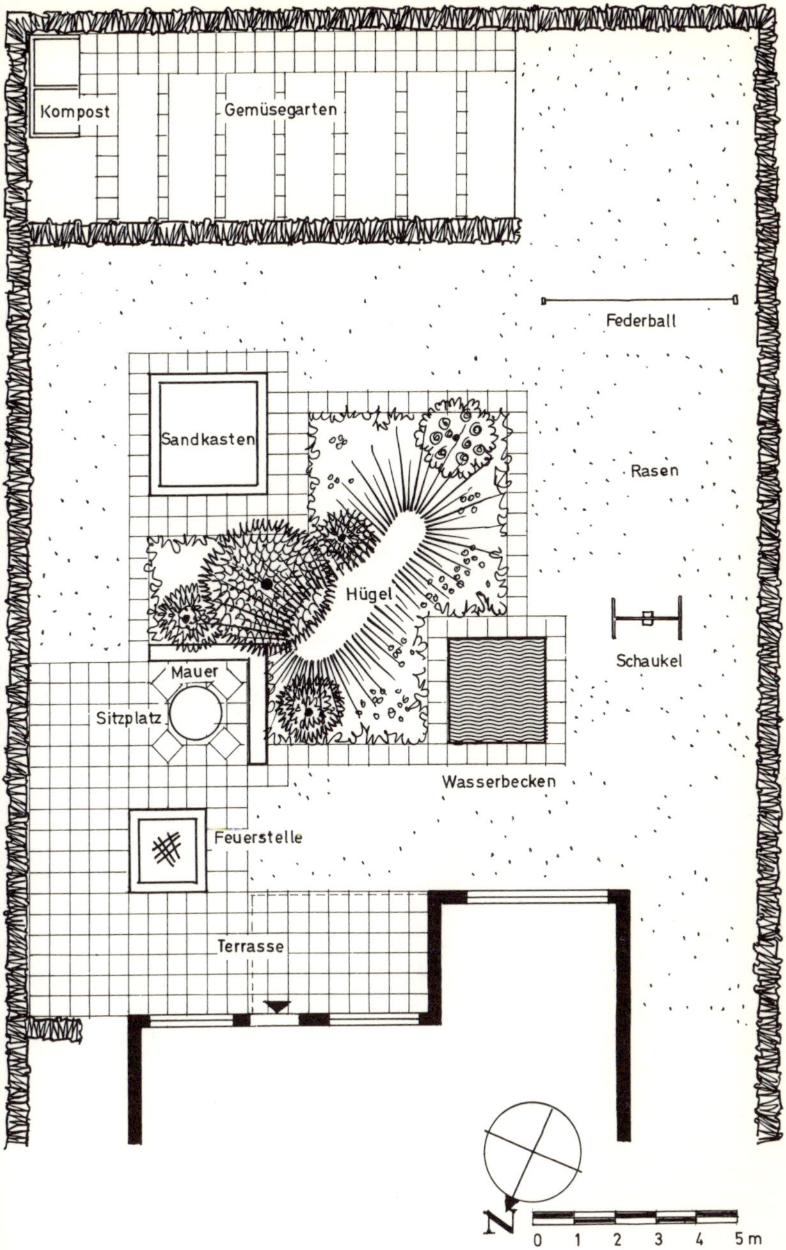
Kompost
Gemüsegarten
Federball
Sandkasten
Rasen
Hügel
Schaukel
Mauer
Sitzplatz
Wasserbecken
Feuerstelle
Terrasse
N
0 1 2 3 4 5 m

dient gleichzeitig als Auflage für einen Grillrost. Es ist ein unbeschreibliches Vergnügen, sich in kleiner Gesellschaft am Abend die Würstchen oder das mexikanische Waldläufersteak selbst grillen zu können.

Der junge Herr des Hauses, wie schon gesagt, hat eine Vorliebe für Fische und Wasserpflanzen. So wird zusammen mit der Terrasse und durch den gleichen Plattenbelag verbunden an einer voraussichtlich ruhigen Stelle des mittleren Gartenraumes ein Seerosenbecken gebaut. Ein derartiges Gewässer macht am meisten Spaß, wenn sich darin eine Lebensgemeinschaft aus Seerosen, schwimmenden Pflanzen, Fischen, Fröschen und Schnecken entwickelt. Solange diese Welt in ihrer Natürlichkeit belassen wird, braucht man auch vor der Mückenbrut keine Angst zu haben.

Der Sandspielplatz ist ebenfalls durch einen kurzen Weg, wieder mit demselben Plattenbelag, mit der Terrasse verbunden. Das jüngste Kind ist immerhin erst vier Jahre alt, und von der Antibabypille hält die junge Mutter nichts. Ein Spielplatz liegt zweckmäßigerweise im Blickfeld des Küchenfensters, und er muß bequem erreichbar sein. Es hat sich als richtig erwiesen, die eigentliche Sandkiste zu umpflastern, damit der herausgespielte und vom fürsorglichen Vater wieder hineingeschaufelte Sand nicht verunreinigt wird.

Nun könnte von den spielenden Kindern doch mancherlei Unruhe ausgehen, während die auf der Terrasse sitzenden Eltern mit ihren Gästen nicht gestört sein möchten. Deshalb wird der vom Bau noch vorhandene Boden, auf der einen Seite durch das Sitzmäuerchen abgefangen, zu

einem diagonal in der Mitte des Gartens liegenden, flachen Hügel aufmodelliert. Auf diesen Hügel wird später der eigentliche Hausbaum gepflanzt, den wir noch unter Berücksichtigung der verschiedenen Bodenverhältnisse auswählen werden. Desgleichen wird über die teppichartige, während des ganzen Sommers in ihren Farben wechselnde Bepflanzung dieses Hügels noch zu sprechen sein. Auf jeden Fall wirkt diese bepflanzte Erhebung wie ein Versatzstück auf der Bühne. Der Garten ist fortan nicht mit einem Blick überschaubar, er birgt geheimnisvolle Räume und reizt die Neugier, etwas Unerwartetes zu suchen.

An der Westseite wird eine größere Rasenspielfläche vorgesehen. Ihre Mindestabmessung muß 6 × 13 Meter betragen, damit auch noch Federball gespielt werden kann. Die Schaukel kann später, wenn die Kinder groß geworden sind, für die Enkel stehenbleiben.

Der gesamte Gartenraum wird nunmehr gegen den Nachbarn, gegen Wind und Lärm durch eine geschnittene Hecke abgegrenzt. Wie in dem Kapitel über dieses Thema noch zu lesen sein wird, kann eine Heckenpflanzung auch aus freigewachsenen Gehölzen bestehen. Nur wird von unbeschnittenen Büschen und kleinen Bäumen viel Raum in Anspruch genommen, der in diesem kleinen Garten nicht zur Verfügung steht. Die geschnittene Hecke ist deshalb am besten geeignet, aus dem Garten einen vielfach gegliederten und immer noch groß wirkenden Raum zu machen.

Nun schmecken Beeren, Radieschen und Möhren immer am besten, wenn sie aus dem eigenen Garten kommen. Wo Kinder heranwachsen, sollte man stets auf eigenes Gemüse bedacht sein. Daheim ist es möglich, zwischen den Saatreihen der Möhren jeweils eine Reihe mit Zwiebeln anzulegen. Der Zwiebelgeruch wehrt die Möhrenfliege ab, und so kommt man ohne Pflanzenschutzmittel zu den besten Ernten.

Verbreitet ist aber auch der Wunsch, Sommerastern, Löwenmäulchen und Zinnien als Schnittblumen zu ziehen. Diesen und anderen gärtnerischen Liebhabereien dient ein gesonderter Kräuter- und Gemüsegarten, der durch eine Hecke vom übrigen Gartenraum abgegrenzt wird. So darf es auf den Beeten ruhig einmal unordentlich aussehen, wenn gerade geerntet worden ist. Das Einheitsmaß der Beete beträgt in der Breite 1,20 Meter, das der dazwischen liegenden Wege dreißig Zentimeter.

Der Kompostsilo, in dem alle Abfälle des Gartens und der Küche wieder zu fruchtbarer Erde werden, befindet sich in der Ecke. In der Eile hat Karl Plomin allerdings nicht bedacht, daß der Weg zu dem Kompostsilo etwas umständlich ist. Man wird mit den Kartoffelschalen nicht erst über den Federballplatz und den ganzen Gemüsegarten laufen wollen. Also ist noch ein Heckendurchbruch und die Verlängerung des zum Sandspielplatz führenden Plattenweges erforderlich. Es gibt in unserem Garten nichts Lästigeres, als wenn sich Staudenpflanzungen ständig mit dem Rasen berühren. Daher wird um die Hügelbepflanzung in der Gartenmitte, wiederum aus dem Material des Terrassenfußbodens, eine Mähkante gelegt. Wie bei der Anlage eines Rasens noch zu erklären sein wird, sollte das Saatbeet des Rasens eine gute Fingerbreite unterhalb der Oberkante dieses Plattenweges liegen. Dann ist es nämlich möglich, mit dem einen Rad des Rasenmähers über den Plattenweg zu fahren, so daß sich ein gesonderter Kantenschnitt des Rasens erübrigt.

Kleines scheinbar größer machen

Nehmen wir als weiteres Beispiel den alltäglichen Fall eines schmalen und verhältnismäßig langen Reihenhausgrundstückes. Ein Zaun allein macht noch keinen Garten. Wenn ich in lockerer Anordnung malerisch gewachsene Sträucher an die Grenze pflanze, dann wird die Sache schon anders. Bereits auf dem Papier ist zu sehen, wie diese Sträucher mit ihren unterschiedlichen Wuchshöhen und -breiten kleine Räume bilden. Eine gestalterisch wichtige Rolle spielen dabei das Licht und der Schatten. Doch geht das nicht auf die Dauer. Denn von den in die Breite gehenden Sträuchern wird zuviel Raum aufgefressen. Eine stets im Schnitt gehaltene Hecke ist erst recht für einen derartigen Reihenhausgarten besser. Es gibt aber auch Gehölze, die von ihrer Natur her schmal bleiben und nicht oder doch nur kaum geschnitten zu werden brauchen, wie beispielsweise die Säulenwacholder der Heide. Ganz ideal wären so gute Nachbarschaften, daß es einer absolut geschlossenen Grenzbepflanzung gar nicht bedarf. Bei unserem Beispiel wollen wir aber dem Wunsche gerecht werden, einen Garten ringsum mit Gehölzen einzufrieden.
Und nun gliedern wir den schmalen, langen Garten in zwei Teile oder auch in mehrere Räume. Das kann man je nachdem mit den gleichen Heckengehölzen machen. Vom Sitzplatz aus entsteht ein verborgener Raum. Permanent bleibt bei dem Gartenbesitzer die Frage, was in dieser Verborgenheit wohl geschehen mag. Andererseits dürfen aus einem einzigen Garten durch eine zu harte Teilung des Raumes nicht zwei Gärten gemacht werden. Eine Hecke trennt und verbindet zugleich. Dennoch wären in dem kleinen Garten ein paar Blütensträucher, höher werdende Stauden oder auch Zwergobstgehölze kurzweiliger.
Noch immer fehlt etwas. Der Plan befriedigt noch nicht, die Spannung wird vermißt. Wir haben bislang zu sehr in der Ebene gedacht. Erst wenn

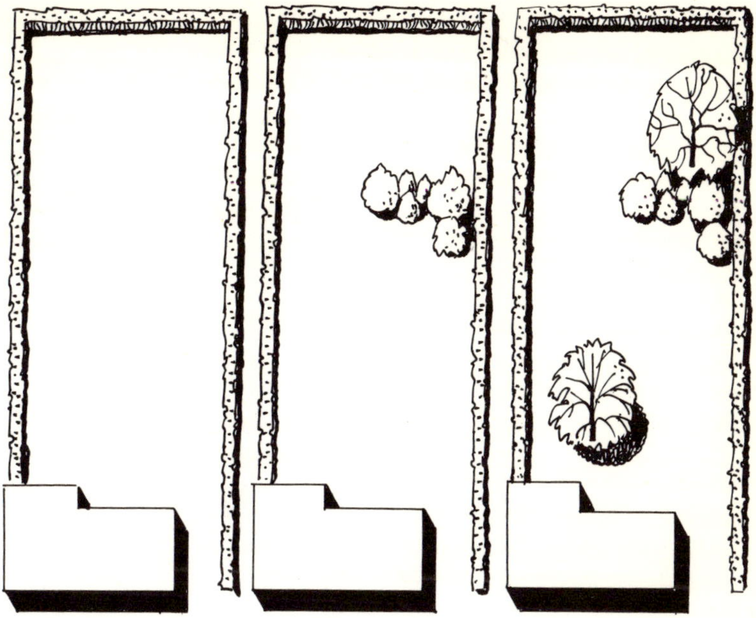

zu den waagerechten Linien und ihren Pflanzungen einige Senkrechten kommen, entstehen Räume. Ein Baum muß her, am besten gleich zwei. Hier muß man in unserem Kapitel über die Gartenbäume gut aufpassen. Zu klein bleibende Bäume erfüllen ihre raumbildende Funktion nicht, zu groß werdende Bäume zerstören die Maßstäbe.
Der hausnahe Gartenraum wirkt zu klein. Vielleicht kann ich ihn tatsächlich noch größer machen, aber darauf kommt es nicht an, sondern nur auf die Illusion. Wir fahren entweder Erde an oder mulden den vorderen Gartenraum etwas aus. Mit der angefahrenen oder besser durch die Ausmuldung gewonnenen Erde wird vor der Pflanzung in der Gartenmitte eine Erhöhung geschaffen, eine Bodenwelle. Wer auf der Terrasse sitzt, darf die Sträucher und Stauden hinter der Bodenwelle nicht völlig sehen. Zumindest die Stelle, an der die Pflanzen aus der Erde kommen, muß von dem aufgeworfenen Hügel verdeckt sein. Auf diese Weise wird eine beträchtliche illusionäre Vergrößerung des Gartenraumes erzielt.
Es gibt aber noch andere Tricks. Vielleicht führt man einen Weg durch die Länge des Gartens. Wird nun der Perspektive ein wenig nachgeholfen, läßt sich ebenfalls eine optische Vergrößerung erzielen. Der Weg muß

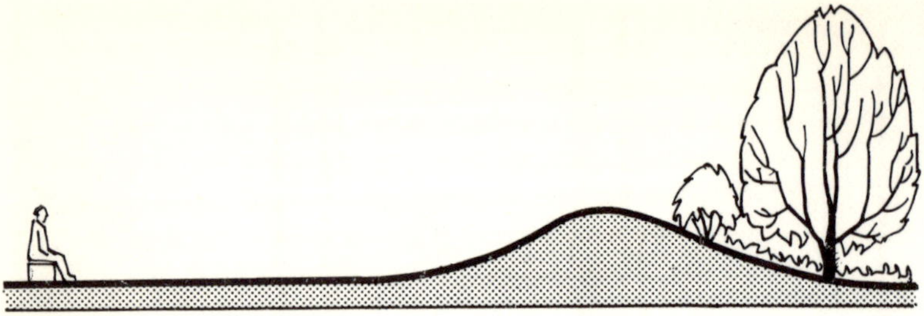

an seinem Anfang bewußt breiter gemacht werden als am Ende. Man kann sich die Wirkung bereits an vier Linien auf weißem Papier vorstellen. Dies haben übrigens manche mittelalterlichen Dombaumeister schon gemacht, und zwar mit dem Pflaster oder mit den Steinplatten der Wege und Plätze. Der älteste Trick, einen kleinen Garten optisch größer erscheinen zu lassen, ist die Spiegelung durch Wasser. Eine illusionäre Vergrößerung des Gartens erreicht man auch, wenn man Wege, Beete oder Rasenstreifen in den Breiten von Tür, Fenstern und dazwischen liegenden Wänden vom Hause aus in den Garten laufen läßt.

Ein Garten sollte also durch die Bildung von Räumen teilweise unüberschaubar gemacht werden. Raumbildung entsteht durch das Zusammenwirken von waagerechten und senkrechten Gestaltungsmitteln, also von Rasen, Blumenbeeten, trennenden Gehölzpflanzungen, Bäumen, Laubengängen, Mauern und sonstigen Bauten. Das billigste und wirksamste Hilfsmittel für die optische Ausweitung eines Gartens und für die Raumbildung ist jedoch die ausgemuldete oder aufgehügelte Erde.

In der Erde soll es wachsen

Die nächsten Gedanken gelten dem Boden und seiner Sicherung. Gemeint ist jene obere, dunkler gefärbte Erdschicht, die gemeinhin als Mutterboden bezeichnet wird. Das Wort besagt nichts anderes, als daß dieser Boden bereits Frucht getragen hat, daß also schon Jahre, Jahrzehnte und vielleicht Jahrhunderte Pflanzen in ihm gewachsen sind. Während von einem Vaterboden in der gärtnerischen Sprache nie die Rede ist, wird eine Erde gelegentlich als jungfräulich bezeichnet, wenn in ihr noch niemals Gras oder Kraut gekeimt sind. Das ist also aus dem Untergrund geholter Ton, Lehm oder Sand, in dem noch alle Beimengungen von organischen Stoffen fehlen und der auch nicht so ohne weiteres fruchtbar zu machen ist. Unter organischen Stoffen sind Laub, Gras, alle Garten- und Küchenabfälle, Holz, Federn, Stallmist und sogar Papier zu verstehen, das ja irgendwann einmal aus Holz hergestellt worden ist. Die einfachste Art und Weise, einen jungfräulichen Sand-, Lehm- oder Tonboden bepflanzbar zu machen, ist die Vermengung mit Torf. Es handelt sich dabei um ein Substrat, das aus vertorftem Sumpfmoos und anderen Pflanzen unserer Hochmoore besteht; wir haben es also mit ganz reinem Humus zu tun. Torf besitzt eine stark wasserhaltende Kraft, weshalb er sich vor allem zur Fruchtbarmachung von Sandböden eignet. Sollte ein Boden lehmig oder gar tonig sein, so empfiehlt sich die Einarbeitung von zermahlener Schlacke, von Sand oder von jenem granulierten Kunststoff, der im Fachhandel unter der Bezeichnung Styromull zu bekommen ist.

Es gibt aber so gut wie überhaupt keine Grundstücke, denen die Mutterbodenschicht fehlt. Nur kommt es darauf an, diese kostbare Erde zu sichern, ehe mit dem Bau begonnen wird. Bevor der erste Handwerker das Grundstück betritt, soll der Boden entweder von einem Gartenbauunternehmen oder in Eigenarbeit in voller Stärke abgehoben und an eine abseitige Stelle gekarrt werden, wo mit Sicherheit keine Baufahrzeuge hinkommen und Materialien wie Holz und Steine nicht aufgeschichtet werden. Sinnvoll ist es, die Erde in meterhohen und etwas breiteren Mieten aufzusetzen und einen organischen Dünger auf der Basis von Hornmehl und Knochenmehl einzuarbeiten. Diese Dünger bietet der Fachhandel unter den verschiedensten Markenbezeichnungen wie beispielsweise »Hornoska spezial« an; sie haben sich gut bewährt.

Nach der Einarbeitung des Düngers (was mit einem einfachen Dreizink geschehen kann) sät man die Mieten allseitig mit einem Gemisch von Schmetterlingsblütlern an, also mit wilden Lupinen, Ackersenf, Erbsen und ähnlichen Pflanzen. Diese Gewächse besitzen die Fähigkeit, den Stickstoff der Luft aufzunehmen, weshalb sie wesentlich zur Düngung eines Bodens beitragen, wenn man sie später untergräbt. Die Aussaat dieses Grüngemenges soll außerdem verhindern, daß Unkräuter auf unseren Erdmieten fröhliche Urständ feiern. Wenn die wilden Wicken und anderen Schmetterlingsblütler erst einmal gekeimt sind und ein geschlossenes Laubdach bilden, wird kaum noch ein Unkraut aufwachsen. Wenn aber nicht von uns für eine Beschattung des Bodens gesorgt wird, schützt sich jede Erde gegen das helle Licht und gegen die Sonne, indem sie vielartige Kräuter wachsen läßt, die dem Gartenbesitzer zumeist unerwünscht sind.

Später, nach Abschluß der Bauarbeiten, wird die so gesicherte und durch die Schmetterlingsblütler noch humusreicher und fruchtbarer gemachte

Erde wieder ausgebracht. Vorher ist aber unter allen Umständen der Untergrund aufzulockern. Denn durch Planierraupen und andere Baufahrzeuge wird der Boden wie ein Untergrund aus Beton verfestigt, so daß überschüssiges Wasser gar nicht oder nur zu langsam absickern kann. Man braucht sich dann nicht zu wundern, weshalb trotz besten Mutterbodens und sorgfältiger Düngung die neugesetzten Pflanzen nicht vorankommen oder sogar eingehen. Sofern es sich um eine größere Fläche handelt, dürfte es ratsam sein, mit der Auflockerung einen Unternehmer des Garten- und Landschaftsbaues zu beauftragen, der dafür die geeigneten Maschinen besitzt.

Bei kleineren Flächen und in Zweifelsfällen ist es aber am besten, den Boden mit dem Spaten tief aufzugraben, wobei es am zweckmäßigsten ist, das bekannte Verfahren des Rigolens anzuwenden. Der Grund wird dabei in einer Tiefe von drei Spatenstichen aufgegraben. Wer die Mühen dieser Untergrundlockerung nicht scheut und vorher den Mutterboden in der beschriebenen Weise gesichert hat, wird am ehesten und dann auf Dauer viel Freude an seinem Garten haben.

Es ist sehr schwierig, nur theoretisch die Fähigkeiten zur Beurteilung eines Gartenbodens zu vermitteln. Der erfahrene Gärtner fühlt mit der Hand und nimmt mit dem Geruch wahr, um was für eine Erde es sich handelt. Am leichtesten ist noch die Feststellung der äußeren Beschaffenheit. Ein leicht angefeuchteter Boden soll nicht kleisterartig und schmierig sein. Klebt er wie ein nicht aufgegangener Kuchenteig an den Händen fest, so fehlt es ihm entweder an körnigem Sand oder aber an Humusstoffen, wie sie eine gute Komposterde bietet. Beinahe so unerfreulich wie dieser Kleister ist ein Boden, der wie feinkörniger Sand durch die Finger rinnt, selbst wenn er feucht ist. Auch hier liegt, wie so oft im Leben und in der Welt, das Gute in der Mitte. Ideal ist ein Boden, dessen Bestandteile aus Sand, Lehm und Humus zu kleinen Krümeln zusammengebacken sind. Wenn eine Handvoll Erde in mehr oder weniger großen Krümeln auseinanderfällt und an der Hand fast nichts kleben bleibt, dann handelt es sich um eine in ihrer Zusammensetzung gute Erde.

Die Frage ist nun, ob auch die chemische Zusammensetzung des Bodens richtig und ausgewogen ist. In der Erde müssen Stickstoff, Phosphorsäure, Kali und andere Elemente in bestimmten Verhältnissen zueinander vorhanden sein. Es gibt die Möglichkeit, Bodenproben bei der nächstgelegenen Landwirtschaftskammer oder einer ähnlichen Behörde untersuchen zu lassen. Zu diesem Zweck macht man an verschiedenen Stellen des Gartens ein spatenstichtiefes Loch. Sodann wird am Rand dieses Loches von unten nach oben ein Löffel Erde abgekratzt. Es genügt, wenn fünf oder sechs Löffelchen voll Erde in einen Plastikbeutel gefüllt werden. Wenn die Beutel je nach Stelle der Erdentnahme gekennzeichnet sind, bringt oder schickt man sie zur Untersuchung. Der nach einigen Tagen zu erwartende Bescheid kostet ein paar Mark, man weiß aber dann ganz genau, ob es einem Boden an Stickstoff oder Phosphorsäure oder Kali oder Kalk mangelt.

Außerdem gibt es die Möglichkeit, den Boden selbst zu testen. Der Fachhandel bietet kleine, in Blechbüchsen verpackte Laboratorien an, die meist aus fünf oder sechs Reagenzröhrchen und ebensovielen Fläschchen mit geheimnisvollen Flüssigkeiten bestehen. Nach der Gebrauchsanweisung wird zuerst etwas Erde und dann eine bestimmte Flüssigkeit in das Reagenzglas geschüttet. An der Verfärbung dieser Flüssigkeit ist ziemlich genau festzustellen, was in einem Boden fehlt oder aber im Übermaß vorhanden ist. In der Praxis des Eigenheimgartens werden beide Methoden möglichst selten angewandt. Wer eine Spur von Erfahrung oder eine gute Beobachtungsgabe besitzt, der sieht dem Wildwuchs eines Grundstückes und ganz bestimmt der Vegetation in der Nachbarschaft an, was mit dem Boden los ist.

Wenn ringsum der Rhododendronstrauch und die Schneeheide gut gedeihen, dann wird es sich auch bei mir um einen humushaltigen, leicht sauren Boden handeln, der von einer großen Gruppe schöner Gartenpflanzen geschätzt wird. Haben wir dagegen ringsum einen üppigen Flor gesunder und kräftig herangewachsener Rosenbüsche, so wird es sich um einen neutralen oder gar etwas kalkhaltigen Boden handeln, der wiederum von einer anderen großen Pflanzengruppe bevorzugt wird. Auch sieht man den ersten eigenen Pflanzen schon nach einem Jahr an, ob sie sich in dem vorgefundenen Boden wohl fühlen oder nicht. Diese genaue Beobachtung und die anschließende Beschränkung auf Pflanzen, die sich in dem jeweiligen Gartenboden wohl fühlen, ist sehr wichtig. Freilich läßt sich ein Boden verändern. Wenn ich meinen Garten in der Rheinebene mit ihrem kalkhaltigen Grundwasser habe, dann werden beispielsweise Azaleen nur dann gedeihen, wenn ich alljährlich nicht mit Torf spare und den Pflanzen ihre Nährstoffe in Form von sauer reagierenden Düngelösungen gebe. Dies ist aber auf die Dauer nicht nur mühsam, sondern das wird auch teuer. Dagegen würden in diesem Garten in der Rheinebene der Seidelbast, die Christrose und das Leberblümchen sowie viele andere Gewächse gedeihen, ohne daß ich mir jemals Sorgen um sie machen müßte. Wer also von einem Boden nur das erwartet, was er selbst zu tragen bereit ist, der wird die wenigste Mühe mit seinem Garten haben und kaum jemals irgendwelcher Pflanzenschutzmittel bedürfen.

Jeder hat einen Nachbarn

In diesem Zusammenhang ergibt sich noch die Frage, ober der große Sitzplatz in unserem Garten zum Nachbarn hin mit einer Mauer statt der vorgesehenen Hecke begrenzt werden darf. Durch eine derartige Mauer, an der Ostgrenze, würde ein windgeschützter, schon im zeitigen Frühjahr bewohnbarer Gartenraum entstehen. Dafür wäre aber in jedem Fall das Einverständnis des Nachbarn und eine Ausnahmegenehmigung der Baubehörde erforderlich. Aber auch Bäume und Hecken beliebiger Höhe darf man nicht ohne weiteres an die Grundstücksgrenze pflanzen. Alle diese Fragen regelt das Nachbarschaftsgesetz, wofür die Kompetenz bei den einzelnen Bundesländern liegt. Da die Bestimmungen nicht einheitlich sind, muß in Zweifelsfällen bei den jeweiligen Gemeindeverwaltungen nachgefragt werden.

Von Böden und Pflanzen

Richtige Pflanzen am richtigen Ort

Wir waren davon ausgegangen, daß der Reiz eines Gartens darin liegt, unaufhörlich mit Überraschungen aufzuwarten, auf die man nicht gefaßt ist. Bereits die Planung sollte sich darauf einstellen und versuchen, Teile eines Gartens – von der Hauptblickrichtung aus betrachtet – im Verborgenen zu halten. Es wurde weiterhin erklärt, nach welchen Grundregeln man bei der Planung eines Gartens vorgehen sollte, damit sich Räume bilden und die Räume in ihrer optischen Wirkung größer sind, als dies konkret der Fall ist.

Als Gestaltungsmaterial für Gartenräume dienen uns – von Mauern, Laubengängen, Gebäuden abgesehen – die Pflanzen. Zur Verfügung stehen über tausend verschiedene Bäume und Sträucher, wie sie bereits von einer mittleren Baumschule angeboten werden. Dabei sind die Rosen nicht mitgezählt, von denen es im Handel mehr als fünfhundert Arten und Sorten gibt. In einer Gärtnerei, die sich mit der Heranzucht von winterharten Blütenstauden befaßt, kann man ebenfalls an die tausend verschiedene Pflanzen kaufen, eine immer schöner als die andere. Die Zahl der aus handelsüblichen Knollen, Zwiebeln und Samen heranzuziehenden Gewächse darf zumindest mit zweitausend angegeben werden. Wie soll da eine Auswahl getroffen und dasjenige gepflanzt werden, das in dem vorhandenen Boden auch wirklich gedeiht?

Ich kann einen Garten so bepflanzen, daß er sich wie ein Perpetuum mobile ständig selbst in Bewegung hält und ich nur gelegentlich ordnend einzugreifen brauche. Sofern ich jedoch Kosten und die eigenen, täglichen Bemühungen nicht scheue, ist es grundsätzlich durchaus möglich, einem sterilen Sandboden die Üppigkeit der Tropen abzutrotzen. Nehmen wir als extremes Beispiel einen Garten unter Glas, ein kleines Gewächshaus mit tropischen Orchideen. Diese Pflanzen gedeihen draußen im Garten nicht, allenfalls während einiger Sommerwochen. Sie bekommen unter Glas ein künstliches Klima, sie bekommen in den dunkleren Monaten des Jahres künstliches Licht, mit ihren Wurzeln befinden sie sich in einem geheimnisvollen Substrat aus Sumpfmoos und zerhacktem Baumfarn, das Wasser aus der Leitung vertragen sie absolut nicht und vom Mist werden

sie krank. Gewiß macht so ein Orchideengarten unter Glas viel Freude, doch muß sich der Gärtner um jede einzelne Pflanze bemühen, um sie gesund zu halten, um sie alljährlich zum Wachsen, zum Ausreifen und zum Blühen zu bringen. Enttäuschungen bleiben nicht aus, und schließlich kosten Strom, Heizöl oder Gas auf die Dauer ein schönes Stück Geld.
Und nun sehen wir den Ausschnitt einer Landschaft an. Dort stehen Kiefern, zwei Birken, ein paar Wacholderbüsche, ein gelbblühender Ginster, Bibernellrosen in vollem Flor, Heidekraut und silberne Gräser. Um dieses wunderschöne Motiv hat sich noch niemals ein Gärtner gekümmert, das macht die Natur bei uns zulande selbst. Wenn wir genau hinsehen, dann haben wir es mit einem ganz dürren, armen Sandboden zu tun.
Nun sei einmal angenommen, daß ich einen derartigen Sandboden habe. Für Mist, Torf und zusätzlichen Mutterboden steht kein Geld zur Verfügung. Außerdem mangelt es mir an Zeit für die regelmäßige Pflege des Gartens, der aber trotzdem schön und kurzweilig werden soll. Nach Möglichkeit sollen auch tierische Schädlinge und Pflanzenkrankheiten vermieden werden, und spätestens nach drei Jahren soll der Garten so zugewachsen sein, daß sich kein Unkraut mehr ausbreiten kann. Um dieses Ziel zu erreichen, muß ich mich an das soeben geschilderte, natürliche Vorbild halten. Dabei ist es nicht nötig, die gleichen Pflanzen zu setzen, wie sie draußen im Wald und auf der Heide stehen. Die Gehölze und Blumen müssen nur – wie soll man es sagen – desselben Geistes und ebenso anspruchslos sein.

Es wächst in sandigem Boden

Für die erste Bepflanzung unseres Modellgartens wird ein sandiger Boden angenommen. Der Gartenarchitekt Karl Plomin schlägt als Hausbaum eine japanische Mädchenkiefer vor. Für diesen Vorschlag gibt es drei Begründungen. Einmal – und das ist am wichtigsten – gedeiht diese zumeist recht malerisch heranwachsende Kiefer auch in einem leichten und mageren Boden. Zum anderen wird die Mädchenkiefer allenfalls sieben bis acht Meter hoch; sie zerstört also weder die Maßstäbe, noch gibt sie zuviel Schatten, wie das bei groß werdenden Schwarzkiefern, Zedern, Lärchen, Linden oder Eichen der Fall wäre. Drittens sieht dieser Baum mit seinen silberblauen Nadeln und den bis zu zehn Zentimeter langen Zapfen, die er schon in jungen Jahren bekommt, ganz wunderschön aus.
Diese Kiefer, die auch im Winter ihre Wirkung nicht verliert, wird auf

den Hügel zwischen unserem Sandspielplatz und dem rechtwinkligen Mäuerchen gepflanzt, das die Sitzterrasse nach Norden begrenzt. Man kann sich gut vorstellen, wie später nur die Stühle etwas umgestellt zu werden brauchen, will man in der Sonne oder im Schatten dieses Hausbaumes sitzen. Die Kiefer bekommt nun eine artverwandte Gefolgschaft, von der ihre Führungsrolle niemals angetastet wird. Wir pflanzen ganz in ihre Nähe drei ebenfalls blaubenadelte Kriechkiefern, die von Sibirien bis Japan beheimatet sind. Es handelt sich dabei um fernöstliche Gegenstücke zu unserer einheimischen Krummholzkiefer oder Latsche. Der lateinische Name dieses meterhoch werdenden und in die Breite wachsenden Baumes ist Pinus pumila glauca.

In die von den Kiefern ausgehende blaugraue Grundstimmung gehören nun einige mit ihren Blütenfarben dazu passende Rosen. Alle Rosen besitzen die Fähigkeit, mit ihren Wurzeln tief in den Boden hineinzuwachsen. Sie finden deshalb auch in Heidelandschaften und in den Dünen noch genug Feuchtigkeit, um leben zu können. Für unseren Modellgarten ist daher die im Mai blühende Rosa hugonis vorgesehen. Dies ist ein ganz entzückender Strauch, der etwa zwei Meter hoch wird und dessen Flor bereits in den Mai fällt. Die entlang den Zweigen eng aneinandersitzenden, goldgelben Schalenblüten sehen so aus, als wären sie wie

Perlen nebeneinandergereiht worden. Dazu kommt ein ganzer Schwarm von sommerlang blühenden Rosen der Sorte ›Bischofsstadt Paderborn‹. Mit ihren orangeroten Blüten und dem etwa anderthalb Meter hohen Wuchs gehört diese Sorte in die Spitzengruppe der beliebtesten Strauchrosen. Zumeist wird sie in Gesellschaft der überreich weiß blühenden Sorte ›Schneewittchen‹ gepflanzt.

Etwas anders im Rot, aber ebenfalls leuchtend, ist sodann die vielblütige Rose ›Sarabande‹, deren Wuchs in der Höhe von etwa einem halben Meter verbleibt und die in unserem Modellgarten in zwölf Exemplaren gepflanzt wird. Während das Blühen der goldgelben Rosa hugonis auf den Mai beschränkt ist, hört der Flor aller übrigen Rosen unseres Gartens bis in den November hinein nicht auf, wenngleich er Anfang Juli am üppigsten ist. Mit Kiefern und Rosen ist der Pflanzung nun das hölzerne Gerüst gegeben worden. Es sei nochmals vermerkt, daß es sich dabei nur um ein einziges von zahlreichen möglichen Modellen handelt. Denn wie schon erwähnt, es gibt in unseren Baumschulen an die fünfhundert verschiedene Rosen, und auch die Auswahl an Nadelgehölzen, die sich für sandigen Boden eignen, ist recht groß.

Zu den Gehölzen pflanzen wir nun etliche dazu passende Stauden, deren Standortansprüche keine Probleme aufwerfen. In unserem Beispiel blühen zusammen mit den Rosen fünf Rittersporne der Sorte ›Völkerfrieden‹. Man kann sich das Bild der enzianblauen, über meterhohen Blütenstände zusammen mit dem Orangerot der Rosen sehr gut vorstellen. Es gibt aber noch eine ganze Reihe von Ritterspornsorten, die sich für eine derartige Pflanzung eignen. Der Flor wird dann ab Anfang September bis in den Winter hinein von den koreanischen Chrysanthemen übernommen, die in unserem Klima absolut winterhart sind. Nun muß man sich das Blaugrau der Kiefern, die goldgelben und roten Farben der Rosen sowie die Rittersporne und Chrysanthemen über einem silbergrau und grün gewirkten Teppich vorstellen, der allmählich den ganzen Hügel überzieht. Die grauen Töne kommen vor allem von einem Beifußgewächs, das der Gärtner unter der Bezeichnung Artemisia schmidtii ›Nana‹ kennt.

Die größte Pracht entfaltet der Teppich im Frühling, wenn gleichzeitig die Blaukissen der Sorte ›Schloß Eckberg‹, die weiße Gänsekresse und das gelbe Steinkraut blühen (Aubrieta ›Schloß Eckberg‹, Arabis caucasica ›Plena‹, Alyssum saxatile ›Plenum‹). Außerdem bekommen einige Blumenzwiebelpflanzen die Möglichkeit, innerhalb dieses Gartenbereiches zu verwildern. Wir pflanzen die schon im April gelb blühende Tulipa tarda, eine mehrblütige Wildtulpe mit ganz niedrigem Wuchs, außerdem den blaßlila und frühzeitig im März blühenden Crocus tommasinianus und

das Blauglöckchen namens Scilla sibirica, von dem sich die Sorte ›Spring Beauty‹ am meisten eignet. In das Wasserbecken kommen Seerosen und andere Pflanzen wie beispielsweise das Pfeilkraut.
Nun mag es Menschen geben, denen die Mädchenkiefer als Hausbaum etwas zu herb ist. Es stellt sich also die Frage, was für ein Laubbaum sich eignen könnte. Die Sandboden gewohnte Birke scheidet aus, weil sie für diesen Garten viel zu groß wird. Es bleibt eigentlich nur der Vogelbeerbaum übrig, also die Eberesche, von der es Züchtungen mit den unterschiedlichsten Beerenfarben gibt.
Die im Schnitt zu haltende Grenzhecke ist ein besonderer Kostenfaktor. Wie man auch auf sparsame Weise an eine gute Hecke kommt, wird noch mitzuteilen sein. Bedacht werden muß, welche Gehölzarten zu diesem Garten mit Sandboden und der entsprechenden Bepflanzung passen. Eine Hecke beispielsweise aus Rotbuchen wäre zu dem silbergrauen Grundton dieses Gartens ein Stilbruch, und dieses Gehölz würde sich auch in dem sandigen Boden kaum wohlfühlen. Es kommen für trockene Böden nur sehr wenige Hecken in Frage. Am geeignetsten dürfte die Lärche sein. Man kann die deutsche und auch die japanische Lärche sehr gut im Schnitt halten. Selbst stark zurückgesetzte Stämme treiben aus dem alten Holz wieder aus. Die Lärchenhecke erfreut einen das ganze Jahr, im Frühling beim zartgrünen Austrieb, während des ganzen Sommers mit ihrem hellen Grün und im Herbst mit ihrer allmählichen Goldverfärbung. Wer genug Geld hat, kann aber auch den Säulenwacholder nehmen, wie er aus der Heide bekannt ist. Mit diesen Säulenwacholdern lassen sich unter trockensten Bedingungen herrliche Hecken bilden, die man noch dazu nicht oder doch nur selten zu schneiden braucht.

Was in feuchtem Humus gedeiht

Nunmehr geht es um die Frage, was in diesen Garten gepflanzt werden sollte, wenn der Boden im Gegensatz zu einem sandigen Untergrund anmoorig, dunkelerdig, feucht ist. Während der sandige Grund eine alkalische Bodenreaktion zeigt, also einen gewissen Kalkgehalt in der Erde und im Grundwasser voraussetzt, reagiert der anmoorige Boden sauer. Er ist insbesondere für die Anpflanzung von Rhododendron, Azaleen und sonstigen, oftmals immergrünen Gewächsen mit den gleichen Standortansprüchen geeignet. Entsprechend der Mädchenkiefer in dem ersten Beispiel kann hier als Hausbaum eine Magnolie gepflanzt werden, etwa die winterharte, sechs Meter hoch werdende Magnolia kobus ›Loebneri‹ mit ihren weißen Blüten im April. Magnolien wachsen genau wie Rhododendron und Azaleen in leicht sauren Böden am besten, sie haben mit ihren sattgrünen Blättern den dazu passenden Habitus und gehen auch im Alter niemals über den in diesem kleinen Garten gegebenen Rahmen hinaus.

Von den Rhododendronarten wird man nicht die üblichen Catawbiense-Hybriden mit Wuchshöhen und Breiten von drei bis vier Metern pflanzen; das sind die bekannten, in vielen öffentlichen Anlagen anzutreffenden Arten mit bleistiftlangen, lederigen Blättern und kugeligen Blütendolden, meist in Lila. Vielmehr kommen jene Rhododendronarten und Sorten in Frage, die kleinere, eirunde Blätter und glockige, mehr oder weniger einzeln stehende Blüten haben, die indessen über den ganzen Busch verteilt sind. Man bezeichnet sie als Rhododendron williamsianum-Hybriden, bei denen allerdings genau auf die Blütenfarbe geachtet werden muß, weil manche der lilarosa Sorten auf die Dauer nicht befriedigen. Dem im Mai blühenden Rhododendron williamsianum lassen wir den Rhododendron inamorata folgen, der im Juni blüht und hellgelbe Blüten hat.

Magnolie und größer werdende Rhododendronbüsche bilden nun das Hauptgerüst. Es folgen einige niedrigere Inseln aus dem rotvioletten Rhododendron multiflorum, wozu einzelne Gruppen des Rhododendron aronensis passen; es gibt diesen Strauch, der auch im Alter nicht mehr als meterhoch wird, in verschiedenen Farbsorten. Davor gehören noch ein paar Gruppen von Rhododendron repens-Hybriden, von fast kriechenden Gehölzen also, die allenfalls halbmeterhoch werden und von dicht gewölbtem Wuchs sind; die berühmteste, lackrote Sorte heißt ›Baden-Baden‹.

Damit sich allmählich grüne und blühende Teppiche bilden, pflanzen wir in schattige Bereiche die Hainsimse, ein Binsengewächs mit dem botanischen Namen Luzula silvatica, den Hirschzungenfarn und einige andere, höher werdende Farnkräuter. Dazu passen aus dem Bereich der winterharten Blütenstauden das Tafelblatt, die Rodgersia also, die Japan-Anemonen und der Eisenhut. In der Sonne blüht ein flacher Glockenblumenteppich der Campanula portenschlagiana wochenlang. Auf diesem blauen Untergrund nehmen sich ein paar moderne Lilienzüchtungen gut aus.

Was für eine Hecke gehört nun um diesen Garten, der mit Magnolie, kleinbleibenden Rhododendronarten und Moorbeetgewächsen besiedelt ist, wie es den Standortverhältnissen entspricht? Bei der Beantwortung wird man davon ausgehen, daß kaum jemals ein Garten auf reinem Moor-

boden, also auf Torf, angelegt wird. Zumindest wird er immer durch Zusätze von Sand und von fruchtbarem Lehm eine gewisse Veränderung erfahren. Insofern kann man sich als Hecke durchaus unsere Rainweide, Ligustrum ovalifolium, vorstellen.
Diese Hecke ist im Sommer und im Winter grün, sie läßt sich leicht in der Form halten und ist besonders geeignet, mit der elektrischen Schere geschnitten zu werden.

In ganz normaler Muttererde

Nehmen wir nun bei einem dritten Beispiel an, der neue Garten verfüge über einen neutralen, alten Kulturboden, der weder extrem alkalisch noch sauer ist. Hierfür gibt es keinen idealeren Hausbaum als den Apfel, der ja bekanntlich mit einer breiten, glockenartigen Krone heranwächst. In dem Kapitel über die Bäume werden wir darauf eingehen, daß es mindestens zehn Jahre dauert, bis von einem Apfelbaum im Sommer ein nennenswerter Schatten erwartet werden darf. Der Baum soll zentnerweise Früchte tragen, und dafür braucht er ein kräftiges Astgerüst, das sich nur durch häufige Rückschnitte erzielen läßt. Wer nicht so lange warten möchte, sollte sich für einen der vielen Zier- oder Wildäpfel entscheiden, die sehr viel schneller ihre Krone bilden können, weil die Last ihrer kleinen Früchte nicht so groß ist.
Als Sträucher eignen sich am besten Strauchrosen, die über zwei Meter hoch werden und deren neuere Züchtungen während des ganzen Sommers blühen. Zu empfehlen sind Sorten wie ›Dirigent‹, ›Zitronenfalter‹ und die prächtige, neue ›Shalom‹.
Auf den Boden pflanzen wir das goldgelb blühende Sedum middendorffianum und dazwischen Inseln der blauen Karpaten-Glockenblume, die allmählich fest zusammenwachsen. Mit eingesprengten Kaiserkronen, Gartentulpen und Schneeglöckchen wird der frühe Frühling in diesen Garten geholt. Unter einer schon im Februar goldgelben Zaubernuß blühen Christrosen. Sehr gut würden sich dazwischen einige Säulen der wintergrünen Eibe ausnehmen, zum Beispiel Taxus media ›Hicksii‹. Und die Eibe, streng geschnitten, eignet sich für unseren Blütengarten auch als Grenzhecke.

Freudig wachsen ohne Zwang

Mit solchen im Geist der Natur angelegten Gärten wird es weder Sorgen noch unnötige Arbeit geben. Am besten richtet man sich danach, was in anderen Gärten oder in der freien Natur gut gedeiht.

Dabei kommt es erstens auf den Boden an. Es blühen, um das bereits erwähnte Beispiel nochmals zu erwähnen, Ende Februar der Seidelbast und die Christrose, später folgen Leberblümchen und im Sommer viele Rosen. Wo diese Pflanzen ohne menschliche Hilfsmaßnahmen gut gedeihen, wird ein Rhododendronstrauch eingehen. Umgekehrt können in einem anmoorigen, sauren Boden, in dem sich alle Azaleen und Rhododendron wohlfühlen, der Seidelbast und die Christrose nicht leben.

Es kommt zweitens auf das Klima an. Wo Wein angebaut wird, da kann man Sequoien, Edelkastanien und Trompetenbäume unbesorgt pflanzen. In der hohen Eifel und in Oberbayern braucht der Versuch gar nicht unternommen zu werden.

Es kommt drittens auf das Licht an. Wo ein Garten von Haus und Bäumen beschattet wird, da kann sich eine Rose nicht zu voller Schönheit entfalten. Wo indessen die Sonne zu stark scheint, da verkümmern Buschwindröschen ebenso wie Waldmeister und Haselkraut.

Nochmals das Orchideengewächshaus: Das ist fern dem Geist unserer heimischen Natur, eine fremde Flora in fremdem Wurzelgrund, fremdem Klima, fremdem Licht, eine fremde Welt in einer schützenden Hülle aus Glas. Sie zu erhalten, bedarf es vieler Bemühungen. Kosten sowie Mißerfolge dürfen nicht gescheut werden.

Nochmals der Heidegarten: Das ist Geist der heimischen Natur auf Sandboden, es gibt damit weder Kummer noch Sorgen.

Nochmals Seidelbast und Christrose: Das ist ebenfalls Geist der heimischen Natur auf kalkhaltigem Boden. Es gibt ebenfalls weder Kummer noch Sorgen.

Nochmals Rhododendron: Sogar diese sind, obwohl es sich um fremde Pflanzen handelt, Geist der heimischen Natur auf moorigen Böden, und man hat an den richtigen Standorten weder Kummer noch Sorgen mit diesen schönen Sträuchern.

Zwischen diesen klaren Bereichen gibt es Übergänge, die so zahllos sind wie die Möglichkeiten, sich einen Garten anzulegen. Schnittmuster lassen sich dafür nicht anbieten. Ich kann nur Kenntnisse über die Pflanzen eines Gartens vermitteln und zu erklären versuchen, wie man mit ihnen umgeht.

Hecken schaffen Behaglichkeit

Wenn der Garten eine erweiterte Wohnung sein soll, dann muß er eingefriedet und gegen die Umwelt abgeschirmt sein. Am besten eignen sich verschiedene Gehölze für diese Einfriedigung. Selbstverständlich kann man Sträucher frei wachsen lassen. Dann brauchen sie sehr viel Raum, der in den meisten Fällen nicht zur Verfügung steht. Ideal sind Gehölze, die man zu mauerartigen Hecken schneiden kann. Es muß sich dabei um Pflanzen handeln, die von der Natur die Fähigkeit mitbekommen haben, immer wieder auch aus dem älteren Holz austreiben zu können.

Von den LAUBGEHÖLZEN gibt es eine ganze Reihe von Bäumen und Sträuchern, die sich für eine zu schneidende Hecke eignen. Am häufigsten anzutreffen und am meisten bewährt haben sich drei Arten, nämlich die Hain- oder Weißbuche, die Rotbuche und der Liguster. Die Hainbuche hat den Vorteil, daß sie auch noch in leichtem Schatten gut gedeiht. Auch läßt sich die Hainbuche zu sehr strengen Hecken heranziehen, die keinen allzu großen Durchmesser zu haben brauchen.

Durchweg sonnigen Stand und etwas mehr Platz beansprucht die Rotbuche, die zu ihrem Aufbau schon einen etwas größeren Durchmesser braucht. Vorteilhaft bei beiden Buchenarten ist, daß die herbstbraunen Blätter zumeist bis in den März hängen bleiben, wenn die Hecke nicht gerade an einem allzu windigen Standort wächst. Diese Hecken sind also auch während des Winters nicht vollkommen durchsichtig. Erst wenn die neuen Laubknospen treiben, werden die alten Blätter abgeworfen.

Vom Liguster, der auch über Winter seine grünen Blätter behält, gibt es zwei Arten. Die bessere Art mit größeren Blättern heißt Ligustrum ovalifolium. Für Gegenden, in denen es im Winter sehr kalt wird, ist dieser Liguster nicht durchweg zu empfehlen. Dann wäre es besser, die andere Art zu pflanzen, die den Namen Ligustrum vulgare trägt.

Es gibt aber auch einige NADELGEHÖLZE, die sich für einen Heckenschnitt eignen. Der Vorteil dieser Hecken ist ihre absolute Undurchsichtigkeit auch während des Winters. Wer in einer entsprechenden Umwelt wohnt und es besonders prächtig haben möchte, der pflanzt eine Hecke aus der Blaufichte. Als Heckenpflanze am bekanntesten von allen Nadelgehölzen

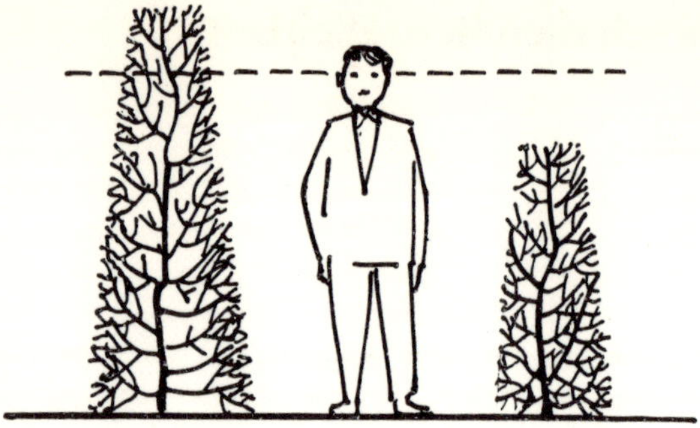

ist der Lebensbaum. Er läßt sich willig schneiden und auch zu strengen Mauern formen, man muß ihm aber einen vollsonnigen und hellen Standort geben.

Auch die Hemlockstanne ist für eine Hecke geeignet, wenn man Platz genug hat, ihr einen Durchmesser von etwa einem Meter zu gewähren. Viel zu wenig bekannt ist die Eignung der japanischen Lärche für eine Hecke. Die Lärche färbt sich im Herbst wunderschön gelb und wirft dann ihre Nadeln ab. Der hellgrüne Austrieb im Mai ist in jedem Jahre wieder ein Erlebnis. Und für Schattenlagen gibt es nichts besseres als die Eibe.

Grenzhecken sollen entweder eine Höhe bis 1,70 Meter haben oder höher als 1,90 Meter sein. Unangenehm ist es, wenn die Oberkante der Hecke in Augenhöhe liegt.

Für die Anzahl der benötigten Heckenpflanzen je Meter gibt es keine klare Regel. Es kommt einmal darauf an, wie hoch die Hecke später werden soll. Beabsichtige ich eine grüne Wand in der Höhe von zwei Metern, dann haben die Gehölze genug Möglichkeit, sich nach allen Seiten hin weit zu verzweigen. Ich brauche also für eine hohe Hecke weniger Pflanzen als für eine niedrige. Auch richtet sich die Zahl nach dem Zustand der Heckenpflanzen selbst. Wenn die Gehölze bis zum Boden hin reich verzweigt sind, kann ich mit weniger Pflanzen je Meter auskommen. Im allgemeinen rechnet man mit vier Pflanzen, wenn sie schon annähernd die für meine Hecke gewünschte Höhe haben. Sofern niedrigere Pflanzen gesetzt werden, sollte man fünf oder sechs nehmen. Zu empfehlen ist auf jeden Fall, schon größere Heckenpflanzen zu kaufen, die in der Baumschule mehrmals umgepflanzt worden sind. Eine Hecke wird nur dann schön und dicht, wenn sie stark beschnitten wird. An diesem dauernden

Rückschnitt liegt es, daß man doch etliche Jahre warten muß, ehe eine zu junge Hecke die gewünschte Höhe erreicht.
Laubholzhecken werden mit festem Wurzelballen angeboten, der jeweils in Juteleinwand oder in einem Kunststoffgeflecht verschnürt ist. Die Pflanzen sind selbstverständlich teurer als diejenigen, die ohne Erdballen geliefert werden. Immerhin sind sie in der Baumschule mehrmals verpflanzt worden. Durch das wiederholte Verpflanzen kommt es zur Bildung eines dichten Wurzelfaserwerks. Zwar ist das Anwachsen der Ballenpflanzen sicherer, man wird aber auch mit den ballenlosen Heckenpflanzen guten Erfolg haben, wenn die Pflanzung selbst und die erste Pflege recht sorgfältig erfolgt.
Nadelholzhecken können grundsätzlich nur mit Erdballen verpflanzt werden, von kleinen Sämlingen abgesehen. Denn ein wesentlich reduziertes Wurzelwerk wäre nicht in der Lage, die auch im Winter grünen und demzufolge viel Feuchtigkeit verdunstenden Gehölze mit ausreichend Wasser und Nährstoffen zu versorgen.

Die Hecke wächst nach beiden Seiten

Vor Anlage einer Hecke muß man sich entweder mit dem Nachbarn verständigen oder aber die ortsüblichen Grenzvorschriften studieren. Es lassen sich keine allgemein gültigen Angaben machen, weil das Nachbarschaftsrecht in der Kompetenz der Bundesländer liegt und sofern von Land zu Land variiert (s. S. 20). Immer aber muß eine Hecke so weit von der Grundstücksgrenze entfernt gepflanzt werden, daß zu deren Pflege, also auch zu dem alljährlichen Schnitt, das Nachbargrundstück nicht betreten zu werden braucht. Selbstverständlich kann ich die Hecke unmittelbar auf meine Grenze pflanzen, wenn sich der Nachbar damit einverstanden erklärt hat.
Bei Festlegung des erforderlichen Abstands muß man sich darüber im klaren sein, daß eine geschnittene Hecke in Erdnähe sehr viel breiter zu sein hat als oben. Nur wenn beim Schnitt die konische Form immer eingehalten wird, bleibt eine Hecke bis zum Erdboden belaubt. Dieser Schnitt bezweckt, an die unteren Laub- und Blätterpartien mehr Licht heranzulassen, als dies bei einem senkrechten Schnitt der Fall wäre. Nun muß selbstverständlich eine hohe Hecke im Durchmesser größer sein als eine niedrige Hecke. Entsprechend verändern sich auch die gebotenen Abstände zur Grundstücksgrenze. Für mannshohe Laubholzhecken braucht man zumindest einen Abstand von einem Meter. Bei Rotbuchen

und bei Nadelgehölzen, mit Ausnahme des Lebensbaumes, soll der Abstand noch einen halben Meter weiter sein.

Eine Hecke, die dauernd geschnitten wird und dauernd wieder austreiben und sich erneut aufbauen muß, braucht einen guten Wurzelgrund. Die Faustregel besagt, daß der Pflanzgraben in Breite und Tiefe die doppelten Ausmaße der Wurzelballen haben soll. Am besten ist es, mit dem Zollstock den Meterabstand von der Gartengrenze zu vermessen und Pflöcke einzuschlagen. Entlang einer gespannten Schnur läßt sich am leichtesten der Pflanzgraben ausheben. Wenn schon eine grüne Mauer, dann soll sie auch schnurgerade verlaufen. Schief- und krummgepflanzte Hecken sind ein unerfreulicher Anblick. Es ist gut, die Erde beim Ausheben des Pflanzgrabens nur auf eine Seite zu schaufeln. Dieser Boden muß, bevor er wieder eingefüllt wird, sehr reichlich mit Torf vermengt werden. Torf fördert wie kein anderes Substrat das Wurzelwachstum. Allerdings muß der Torf ganz von Feuchtigkeit durchdrungen sein, ehe er wieder in den Boden eingebracht wird. In trockenem Zustand würde er die ganze Bodenfeuchtigkeit an sich ziehen, und es könnte passieren, daß die Pflanzen vertrocknen. Denn Torf nimmt das Zwölffache seines Eigengewichtes an Wasser auf. In windigen Lagen oder dort, wo in Ermangelung eines Maschendrahtzaunes die Hecke zugleich ein Hindernis für Hunde und andere Eindringlinge sein soll, kann man, bevor gepflanzt wird, Pfähle einschlagen und Drähte ziehen. Dieser zusätzliche Zaun, der auch aus Stacheldraht bestehen kann, soll genau in der Grabenmitte verlaufen.

Wir pflanzen zunächst Heckengehölze, die einen festen Wurzelballen haben. Auf den Boden des Grabens wird so viel torfvermengte Erde gefüllt, daß die Pflanzen genau so hoch bzw. so tief stehen, wie sie in der Baumschule gestanden haben. Man kann dies gut an den unterschiedlichen Verfärbungen des Holzes ganz kurz über dem Wurzelballen erkennen. Sind die Pflanzen in den Graben gestellt, werden die Ballentücher aufgeknotet und etwas nach unten gedrückt, so daß man sie später, wenn die Erde eingefüllt ist, nicht mehr sieht. Sofern sie aus Kunststoff bestehen, muß man sie selbstverständlich entfernen. Meist aber sind die Wurzeln in Juteleinwand gehüllt, die allmählich im Boden von selbst zerfällt. Hat man die Ballentücher aufgeknotet und die Pflanzschnur gerade ausgerichtet, wird von beiden Seiten torfvermengte Erde eingefüllt. Am besten geht es, wenn sich zwei Mann die Arbeit teilen. Einer hält die Pflanzen fest und der andere schaufelt Erde ein. Mit den Füßen tritt man an beiden Seiten des Grabens die Erde fest. Noch bevor der Pflanzgraben völlig zugeschüttet ist, wird reichlich gewässert. Nach kurzer Pause, wenn

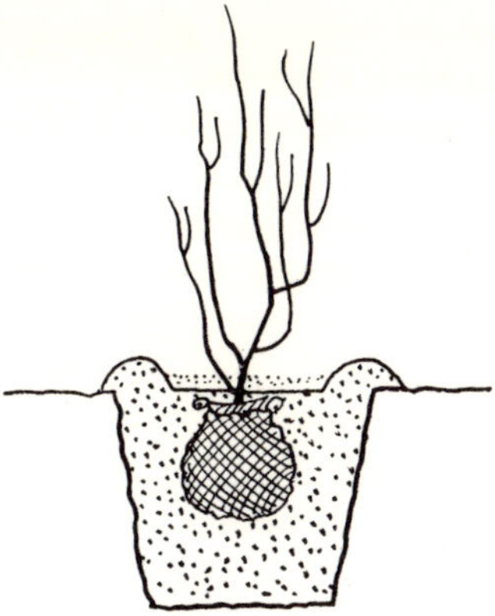

das Wasser den eingefüllten Boden verschlämmt hat, kann die Erde vollends eingefüllt werden. Dabei ist an beiden Seiten der Hecke ein niedriger Wall aufzuwerfen, den man mit dem Spaten festklopft. Diese Wälle – der Gärtner spricht von einem Gießrand – verhindern das Auseinanderlaufen des Wassers, das man nunmehr am besten aus einem Schlauch in die Pflanzreihe laufen läßt. Um eine unnötige Verdunstung oder Austrocknung durch den Wind zu verhindern, ist es zweckmäßig, hinterher noch eine Lage Torf aufzubringen.

Bei ballenlosen Heckenpflanzen ist es unvermeidlich, daß einzelne Wurzeln geknickt oder beim Roden in der Baumschule abgerissen wurden. Oberhalb der Knick- oder Rißstellen schneidet man die Wurzeln mit einem scharfen Messer glatt. Auch zu lange Wurzeln kann man auf diese Weise einkürzen. An den Schnittstellen werden alsbald ganze Bärte von Faserwurzeln wachsen, die den Pflanzen zugute kommen. Bei diesen Heckengehölzen, die nicht selbst in dem Pflanzgraben stehen können, ist nun unbedingt ein Helfer erforderlich. Einer hält das Heckengehölz fest, während der andere Erde einfüllt. Die zuerst tief in den Graben gehaltene Pflanze wird während des Einfüllens der Erde allmählich in die richtige Höhe gezogen. Hinterher ist auch hier der Boden von beiden Seiten fest anzutreten. Dann wird, wie bei den Ballenpflanzen, gewässert, die Erde vollends eingefüllt, der Gießrand gezogen, nochmals gewässert und die Pflanzung mit feuchtem Torf abgedeckt.

Nach dem Einpflanzen werden die Laubholzhecken zurückgeschnitten. Mit der Rosenschere kürze man alle Triebe um zwei Drittel ihrer Länge

ein. Bei Nadelgehölzen ist es besser, einen Schnitt zu unterlassen, weil das Grün wichtig für das Anwachsen ist.

Die junge Laubholzdecke wird nach der Pflanzung, im Herbst oder im Frühjahr, kräftig austreiben und bis Mitte Juni bereits Schosse in Längen bis zu dreißig Zentimetern gebildet haben. Alle diese neugewachsenen Triebe werden abermals auf ein Drittel ihrer Länge eingekürzt. Das geht am besten entlang einer straff gespannten Schnur, die natürlich noch nicht unbedingt die gewünschte, endgültige Heckenhöhe kennzeichnen soll. Weil es sich bei allen diesen Pflanzen um Bäume handelt, die ihrer Natur folgen und in die Höhe wachsen wollen, muß ich diesen Schnitt vornehmen. Dadurch wird erreicht, daß sich auch die unteren Teile des Holzes reich verzweigen, wie es für die Hecke erwünscht ist. Besagter Schnitt erfolgt mit einer regulären Heckenschere. Am meisten bewähren sich altmodische Scheren aus gutem Stahl und mit hölzernen Griffen. Die Schere sollte man in einer Ausführung kaufen, die am unteren Teil der beiden Messer Auskerbungen zum Durchschneiden auch stärkerer Äste hat. Für größere Hecken sind selbstverständlich die modernen, elektrisch betriebenen Heckenscheren gut geeignet.

Nach diesem Rückschnitt Mitte Juni oder Anfang Juli erfolgt ein zweiter Austrieb, der indessen etwas schwächer ist und längere Zeit braucht. Man bezeichnet diese zweite, schwächere Wachstumsperiode auch als Johannistrieb. Der zweite Schnitt erfolgt dann während der Vegetationsruhe im Winter oder im zeitigen Frühjahr. Bei ganz jungen und besonders lebensstarken Hecken kann es vorkommen, daß man sie dreimal im Jahre schneiden muß, also kurz nach dem ersten Frühjahrsaustrieb, ein zweites Mal Ende Juni Anfang Juli und dann im Winter. Im Laufe der Zeit läßt die Wuchskraft nach, so daß eine zehnjährige Hecke üblicherweise nur noch Ende Juni Anfang Juli geschnitten zu werden braucht.

Hecken aus Nadelgehölzen dagegen braucht man stets nur ein einziges Mal im Juni Anfang Juli zu schneiden, weil deren Johannistrieb im Vergleich zu den Laubgehölzen verhältnismäßig schwach ist. Ein Schnitt während des Winters würde uns außerdem um die Freude bringen, den reichen hellgrünen oder hellblauen Austrieb der Nadelholzhecken im Mai zu erleben.

Eine so enge Pflanzung dauernd im Schnitt gehaltener Gehölze erfordert selbstverständlich recht viel Bodenfeuchtigkeit. Es kann daher vorkommen, daß man einen Graben ziehen und besonders reich wässern muß. Dies gilt insbesondere für Nadelholzhecken im Herbst, sofern die Wochen vorher regenarm gewesen sind, denn die grünen Nadeln verdunsten auch während des Winters Wasser, das man dann oftmals nicht geben kann, weil der Boden gefroren ist. Auch Dünger braucht eine Hecke. Es genügt pro Jahr ein Ausstreuen von etwa 50 Gramm einer Volldünger-Nährsalzmischung je Meter. Der Dünger wird ausgestreut, leicht eingehäckelt und hinterher eingewässert.

Ohne Bäume geht es wirklich nicht

Ein Garten ohne Baum, das geht eigentlich nicht. Die kleine Welt wirkt so befremdlich wie ein Dorf ohne Kirchturm, wie ein Segelschiff ohne Mast. Vielfache Aufgaben hat so ein Baum. Erst einmal sieht es wunderschön aus, wenn im Frühjahr das junge Laub austreibt, wenn die Krone bald darauf voller Blüten ist, wenn sich die Blätter im Herbst verfärben, wenn der Rauhreif an den Zweigen seine Glitzerkünste vorführt und wenn die Singvögel im Winterschnee an den Futterbeuteln herumturnen. Während der dunklen Jahreszeit läßt ein Laubbaum Licht in unser Haus, im Sommer hängt er eine angenehme Schattengardine vor die Fenster, und wo ließe sich die heiße Jahreszeit angenehmer verbringen, als unter der breiten Krone eines Baumes, der dicht vor dem Haus steht.

Der Baum läßt aber auch einen kleinen Garten groß erscheinen. Wenn man aus dem Zimmer durch den Schatten ins Helle guckt, dann wird die optische Tiefenwirkung des Gartenraumes wesentlich gesteigert.

Laubgehölze

Die Wahl des richtigen Hausbaumes ist gar nicht so einfach. Ein alter Apfelbaum, breit, etwas krumm, malerisch gewachsen, wäre ideal. Sein Schatten ist licht, der Blütenflor im Frühling ist immer wieder bezaubernd und gute Früchte gibt es noch dazu. Nur eben dauert es seine Zeit, bis ein Apfelbaum – bei anderen Obstgehölzen ist es nicht anders – eine breite Krone ausgebildet hat. Man sehe sich einen derartigen Baum einmal an. Manches Jahr hat er Äpfel im Gewicht von zwei Zentnern zu tragen. Das geht nur mit einem starken Astgerüst. Der junge Baum muß also dauernd zurückgeschnitten werden. Es vergehen zumindest zehn Jahre, bis seine Krone ausreichend Schatten spendet.

Andererseits gibt es viele Wildapfelarten, sogenannte Zieräpfel, die ihrer schönen Blüten wegen gern im Garten gepflanzt werden. Kaum so groß wie Walnüsse sind die Früchte. Der Baum kann sie spielend an langen und dünnen Zweigen tragen, man braucht ihn nie zu schneiden, seine Krone wächst schneller heran. Bei den Wildformen sind auch Blattkrankheiten nicht zu befürchten, wie dies bei den Kultursorten des Apfels häufig der Fall ist. Der Wildapfel in seinen verschiedenen Arten gehört zu der großen Zahl von Ziergehölzen, die in Baumschulen herangezogen werden.

Wer Bäume pflanzen will, beschäftigt sich am besten zunächst mit einem guten Baumschulkatalog. Im Anhang dieser zuweilen dicken Nachschlagebücher, die man kostenlos bekommt, gibt es oft recht nützliche Zusammenstellungen. So enthält der Katalog einer holsteinischen Groß-Baumschule beispielsweise vierzig Seiten über die Verwendungsmöglichkeiten der Gehölze. Einfache Zeichnungen zeigen die verschiedenen Wuchsformen, und man erfährt vor allem, wie hoch die Gehölze werden. Gern wird in Hausgärten der Silberahorn gepflanzt. Man bekommt ihn meist mit mehreren Stämmen und einem gewaltigen Wurzelwerk. Zudem sind die Preise für diesen leicht und willig heranwachsenden Baum verhältnismäßig niedrig. Nur wächst der Silberahorn mit seinen feinzerschnittenen Blättern im Garten ebenso schnell weiter, wie er in der Baumschule groß geworden ist. Für die ersten drei bis vier Jahre hat man daran auch seine Freude. Was aber, wenn der Baum in dem kleinen Garten und neben dem kleinen Haus in sechs Jahren viel zu gewaltig geworden ist? Auch eine Kastanie ist schön. Eine besonders breite Krone bildet die echte, die eßbare Kastanie aus. Linden sind einzig. Ganz zauberhaft in seinem frischen Grün und seinen Blüten ist der aus Nordamerika stammende Tulpenbaum, der Liriodendron. Leider werden alle diese Bäume zu groß für einen normalen Garten.

Besser ist da schon der Trompetenbaum, die Catalpa, mit seinen aufrechten Blütenständen im Sommer und seinen Früchten, die wie Bohnen aussehen. Auch die Blumenesche mit runder Krone und weißem Blütengeriesel bietet sich an. Oder eine Magnolie, Rotdorn, Goldregen, Eberesche, Zierapfel und Zierkirsche, sogar bestimmte Arten der Birke und der Eiche bleiben gemäßigt und eignen sich für den Hausgarten.

In milderen Gegenden, wo Wein gedeiht, ist die Paulownie, der Kaiserbaum, hervorragend geeignet; die Krone dieses Baumes ist breit, die Blätter sind riesig und im Frühjahr sieht es manchmal so aus, als hätte jemand den kahlen Baum über Nacht mit blauen Hyazinthen besteckt. Einer der in den Gärten am häufigsten anzutreffenden Bäume ist der Essigbaum, Rhus typhina laciniata. Wegen seines malerischen Wuchses und der weit übergewölbten Krone wird der Essigbaum von Architekten gern zur Dekoration von Ansichtsskizzen gezeichnet. Infolge der allzu häufigen Verwendung hat dieser an sich schöne Baum mit seinen gefiederten Blättern jedoch viel von seinem Reiz verloren.

Wir pflanzen den Katsurabaum

Ein ganz idealer Baum für den kleineren Hausgarten ist der Katsurabaum, genau: Cercidiphyllum japonicum. In den ersten Jahren darf man eigentlich nur von einem größeren Strauch sprechen. Fast rot treiben im Frühjahr die Blätter, im Sommer sind sie lindgrün, was zusammen mit den roten Blattstielen hübsch aussieht, und im Herbst schmückt sich der Baum in Gelb, Scharlachrot und manchmal sogar in Violett. Er ist eines der hübschesten Gehölze, die es gibt. In den Katalogen ist der Katsurabaum als aufrecht, regelmäßig und locker verzeichnet. Seine Wuchshöhe liegt bei etwa zehn Metern, aber man muß viele Jahre warten, bis er die Größe erreicht hat.

Der Katsurabaum wächst langsam. Man kauft ihn deshalb gern etwas größer. Sein Reiz liegt in den überhängenden Zweigen. Er wird daher fast immer mehrstämmig gezogen. Ein in der Baumschule dreimal verpflanztes, stattliches Exemplar dieses Baumes mit fünf Stämmen kostet etwa 50,– Mark. Die Ausgabe lohnt sich unbedingt, denn zumindest fünfzig Jahre wird man an dem langsam wachsenden Katsurabaum seine Freude haben. Mit einem Kronendurchmesser von sechs Metern ist später einmal zu rechnen. Also muß der Pflanzplatz drei Meter vom Haus entfernt sein. Das Abladen vom Lastwagen und Herantransportieren geht verhältnismäßig leicht. Ein Laubbaum hat zur Verpflanzzeit keine Blätter. Ein Pfahl wird dicht am Wurzelwerk unter die Stämme geschoben und mit einem Kokosstrick festgebunden. Zwei Männer tragen den bereits stattlichen Baum auf diese Weise recht leicht.

Die Größe der Baumgrube wird nach dem Augenmaß bestimmt. Man kann es auch ganz genau machen und den Ballen zunächst an den beabsichtigten Platz stellen. Mit einer Schaufel voll Kies läßt sich dann leicht ein Kreis ziehen. Zwischen dem Ballen und dem Rand des Pflanzloches soll die Breite eines Spatenblattes verbleiben. Auch hier ist Torf erforderlich, für einen derart großen Baum ein halber Ballen, der, wie immer, feucht sein muß. Nun passiert es häufig, daß einem das Pflanzloch zu tief gerät. Gehölze sollen nach Möglichkeit immer so hoch beziehungsweise tief stehen, wie sie vorher in der Baumschule gestanden haben. Es bereitet Mühe, ein schweres Gehölz mit seinem Ballen immer wieder aus der Grube herauszuheben, bis so viel Erde hineingefüllt ist, daß es in der richtigen Höhe steht. Einfacher geht es, den Baum nach einer Seite umzubiegen. Dann füllt man Erde unter den hochgehobenen Teil des Ballens. Hinterher kugelt man den Baum auf die neuerlich eingefüllte Erde und wirft Erde unter die andere Hälfte. Dies geht dann so lange vor sich, bis

die richtige Höhe, etwa eine Dreifingerbreite über dem Erdboden, erreicht ist, weil die Erde sich noch etwas setzt.
Alsdann wird die torfvermengte Erde eingefüllt, festgetreten und gewässert, noch ehe die ganze Baumgrube wieder zugeschüttet ist. Nach dem endgültigen Einfüllen wird auch hier ein Gießrand gemacht, nochmals gewässert und schließlich die ganze Pflanzung mit feuchtem Torf abgedeckt.
Noch würde der Wind den Wurzelballen sehr leicht aus seinem Pflanzloch kugeln. Deswegen schlagen wir einen Baumpfahl in den Boden, schräg am mittleren Stamm entlang – also außerhalb des Wurzelballens. Mit Kokosstricken wird der stärkste Stamm daran festgebunden. Der Strick muß aber stets in Form einer 8 gelegt sein, damit dem Stamm nicht die Rinde abgescheuert werden kann.
Schneiden braucht man an einem derartigen Baum nichts. Die Wurzeln in dem großen und festen Erdballen sind in der Lage, alle Blätter zu ernähren. Erfolgt die Pflanzung im Herbst, dann wachsen zusätzliche Wurzeln auch über Winter. Je mehr Blätter eine Pflanze hat, desto besser wächst sie. Im Laufe des Jahres wird man nacheinander den einen oder anderen Stamm wegsägen, damit der Katsurabaum letztlich nur mit etwa fünf stärkeren Stämmen dasteht.
Etwas anders sieht es beim Pflanzen von Bäumen aus, die keinen festen Wurzelballen haben. Das sei am Beispiel eines Obstgehölzes geschildert,

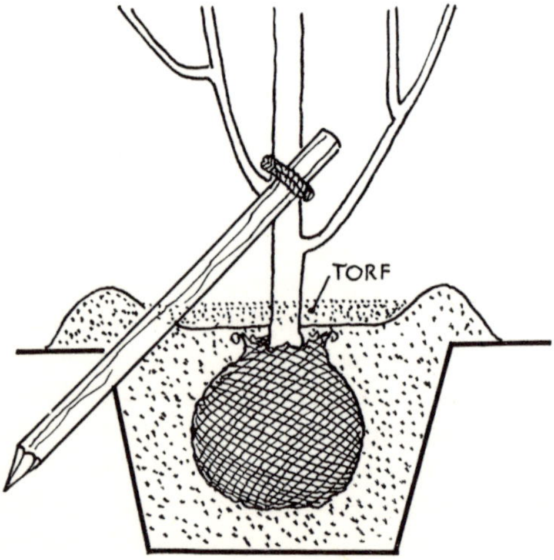

und zwar des Nußbaumes. Der Walnußbaum, der aus Samen herangezogen wird, nimmt allerdings riesige Ausmaße an. Außerdem haben diese Sämlingsbäume den Nachteil, daß man im voraus nie genau weiß, ob die Früchte auch groß genug und gut werden. Es bereitet immer wieder viel Verdruß, wenn man nach zehn bis fünfzehn Jahren des Wartens und Pflegens feststellen muß, daß die Nüsse nichts taugen. In jedem Falle ist anzuraten, veredelte Nußbäume zu pflanzen.

Man darf sich in der Baumschule oder im Gartencenter nicht durch den Augenschein täuschen lassen. Ein Sämlingsbaum ist verhältnismäßig leicht heranzuziehen, er sieht prächtig und viel schöner aus als das veredelte Exemplar. Außerdem kostet er nur den halben Preis. Aber selbst geschenkt wäre eine Sämlingsbaum zu teuer, wenn man später mit den Früchten unzufrieden ist. Dagegen ist auf die veredelte Walnuß nicht nur unbedingter Verlaß, sondern sie bleibt auch mit ihrem Kronenwuchs in Grenzen, so daß sie sich in hervorragendem Maße als Hausbaum eignet. Noch dazu wehren alle Nußbäume mit ihrem bitteren Laubgeruch die Fliegen ab.

Nehmen wir an, der Boden habe noch keine gartengerechte Güte und das Land sei auch noch nicht umgegraben worden. In diesem Falle ist es richtig, ein quadratmetergroßes und halbmetertiefes Pflanzloch auszuheben. Zunächst wird der Baumpfahl, dessen unteres Ende imprägniert sein muß, eingeschlagen. Bitte aber beim Einschlagen die Beine breit machen, falls der Vorschlaghammer einmal danebengeht. Da der Gartenboden schlecht ist, müssen zwei Schubkarren voll Komposterde oder aber andere gute Gartenerde her. Außerdem gehört zur Pflanzung wieder ein Ballen Torf, der entweder bereits feucht ist oder aber mehrmals umgeschaufelt und dabei begossen werden muß. Kompost und Torf vermischt man mit zwei Kilo Patentkali und einer Schaufel Holzasche. Auf die Asche ist aber im Zweifelsfalle zu verzichten. Die gemischte Erde wird in die Pflanzgrube geworfen, so daß in der Mitte ein kleiner Hügel entsteht, und zwar an derjenigen Seite des Pfahles, die der Hauptwindrichtung abgewandt ist.

Nunmehr soll man mit einem scharfen Messer die stärkeren Wurzeln glatt schneiden. Der Schnitt muß gezogen werden, man darf das Messer nicht drücken oder quetschen. Einer alten Gärtnerregel zufolge – die jedoch umstritten ist – schneidet man so, daß die Schnittstellen genau nach unten zeigen, wenn der Baum senkrecht gehalten wird. Auch gebrochene kleinere Wurzeln müssen glattgeschnitten werden.

Jetzt stellen wir den Baum, die Wurzeln nach allen Seiten gleichmäßig ausgebreitet, auf den eingefüllten Hügel; ein Helfer hält ihn fest. Während

die Erde eingeschaufelt wird, rüttelt der freundliche Helfer den Baum ein wenig und zieht ihn dabei allmählich in die Höhe, bis er seinen richtigen Stand hat. Dieser Stand sollte, wegen des späteren Absackens der eingefüllten Erde, eine Handbreite über dem umliegenden Erdreich sein. Ist die Erde nun locker eingefüllt, wird sie zunächst mit den Stielen von Hacke oder Harke zwischen die Wurzeln verstopft. Wichtig ist, alle Hohlräume innerhalb des Wurzelwerkes auszufüllen. Schließlich ist mit den Füßen nachzuhelfen. Die derart zusammengestopfte und festgetretene Erde wird nunmehr Dreiviertel der Baumgrube ausfüllen. Und jetzt ist es erforderlich, einen Schlauch heranzulegen und den Wasserhahn weit aufzudrehen. Das Wasser soll die Erde vollends an die Wurzeln schwemmen. Danach ist die restliche Erde einzufüllen und ein Gießrand zu machen, der nach abermaligem Wässern mit Torf abgedeckt wird.
Ähnlich wie beim Katsurabaum wird auch die Walnuß an dem vorher eingeschlagenen Haltepfahl festgebunden. Auch hier bildet der Kokosstrick eine 8, damit sich die Rinde des Baumes nicht am Pfahl abscheuert. Die Acht soll etwas locker sein, so daß sich der Baum nicht aufhängt, wenn der Boden noch zusammensackt.
Anders als bei dem mit Ballen gepflanzten Baum erhebt sich bei unserer Walnuß die Frage, ob die reduzierten Wurzeln alle Zweige und Blätter des Baumes ernähren können. Dies dürfte kaum der Fall sein. Krone und Wurzeln müssen sich im Gleichgewicht befinden. Das gilt für alle laubabwerfenden Bäume oder Sträucher, wenn sie ohne Ballen gepflanzt werden. Man kürzt also die Äste um ein Drittel ein. Immer wird über einer nach außen weisenden Knospe geschnitten. Bei dem Walnußbaum muß man allerdings den richtigen Zeitpunkt beachten. Besonders im März und im April würde er zu viel Saft verlieren; der Gärtner sagt, er verblutet. Einen Walnußbaum darf man nur im Winter oder aber während des vollbelaubten Zustandes im Sommer schneiden. Damit nach der Pflanzung im Frühjahr die Wasserverdunstung reduziert wird, umwickelt man die Stämme gern mit alten Säcken, die nach Möglichkeit noch mit Lehm verschmiert werden sollten.

Nadelgehölze

Das erste Erlebnis mit Nadelgehölzen hat mancher angehende Gartenbesitzer, wenn er nach dem Weihnachtsfest den Christbaum vor der Haustür in den Schnee steckt. Er erlebt, wie ein einziger Baum plötzlich räumliche Ordnungen schaffen kann. Ähnlich ergeht es einem Fotografen

im Gebirge. Er wird nur dann ein faszinierendes Bild von den Schneegipfeln auf seinen Film zaubern können, wenn irgend etwas im Vordergrund steht, sei es ein Brunnen oder eine kleine Zirbelkiefer.
Das einfachste Merkmal der Kiefern sind die langen Nadeln, die mindestens zu zweit, bei manchen Arten aber auch zu dritt oder gar zu fünft aus einem Hüllblatt kommen. Bei Tannen und Fichten sitzen die Nadeln einzeln auf den kurzen Zweigen. Wenn die Nadeln spiralig rund um den Zweig sitzen, dann haben wir es mit einer Fichte zu tun. Stehen die Nadeln in Reihen seitlich der Zweige, dann ist es eine Tanne.
Von den Gärtnern werden Nadelgehölze unter dem Sammelbegriff der Immergrünen geführt, aber das stimmt nicht ganz. Die Lärche wirft im Herbst ihre Nadeln ab, desgleichen die Sumpfzypresse und die erst seit 30 Jahren bekannte Metasequoia glyptostroboides, auch Chinesisches Rotholz genannt. Alle anderen Nadelbaumarten bleiben über Winter grün, und das macht ihren Reiz im Garten aus.
Der Umgang mit Nadelgehölzen ist höchst einfach. Man bekommt sie als kleine Bäumchen und als schon größere Exemplare in der Baumschule oder in einem Gartencenter. Ein beliebter und sehr üppig aussehender Nadelbaum ist die Schwarzkiefer, Pinus nigra ›Austriaca‹. Halbmeterhoch kostet so ein Bäumchen etwa 7,– bis 10,– Mark. Wer nicht so lange warten will, bis das kleine Pflänzchen groß geworden ist, kann ebensogut ein zwei Meter hohes und entsprechend teureres Exemplar pflanzen. Wo man auch den Baum kauft, er wird einen festen Wurzelballen haben, der in Juteleinwand eingeschnürt ist. Am leichtesten läßt sich der Baum direkt am Ende des Ballentuches tragen, ohne daß die Gefahr besteht, der Ballen könne zerbrechen. Wenn die Schwarzkiefer – oder ein anderer Nadelbaum – zu schwer ist, dann muß ein längerer Baumpfahl her. Die Verschnürung des Jutetuches wird aufgeknüpft und dann über dem durchgeschobenen Baumpfahl fest verknotet. Nunmehr läßt sich der Baum in den angewinkelten Armen – aufgerichtet und ganz aus dem Kreuz heraus – recht einfach tragen und an seinen Platz bringen.

Die Kiefer zieht in den Garten ein

Der Standort einer Schwarzkiefer und jeder anderen Konifere soll recht hell sein. Mit umstehenden Gebäuden darf der Baum später nicht ins Gedränge kommen. Vor allen Dingen Kiefern sind außerordentlich lichtbedürftige Bäume. Das Pflanzloch muß so groß sein, daß man um den hineingestellten Ballen mit den Füßen herumtreten kann. Gut wäre es, die richtige Tiefe auf Anhieb zu erreichen. Im Zweifelsfalle macht man das Loch lieber zu tief als zu flach. Ein halber Ballen Torf – ungedüngt, selbstverständlich – sollte für einen so kostbaren Baum schon spendiert werden. Wie bei jeder Pflanzung muß der Torf durchfeuchtet sein, damit er den Wurzeln später nicht das Wasser wegnimmt. An dem abgeknoteten, über zwei Grubenränder gelegten Baumpfahl ist genau zu sehen, ob die Schwarzkiefer die richtige Pflanztiefe hat. Sollte er zu hoch stehen, dann muß der Baum wieder herausgehoben und die Grube weiter ausgeschaufelt werden. Bei zu tiefem Stand zieht man den Baum seitlich herunter, daß sich der Ballen auf der einen Seite anhebt. Unter die angehobene Hälfte des Ballens wird torfvermengte Erde geschaufelt und mit dem Spatenstiel oder einem dünnen Pfahl fest verstopft. Dann kugelt man den Baum auf diese Seite und stopft Erde auf der anderen Seite unter den Ballen. Dies geht so lange, bis sich die Oberkante des Wurzelballens ein wenig über dem umliegenden Niveau befindet. Diese leichte Überhöhung ist richtig, weil sich die Erde unter dem Wurzelballen noch etwas setzt.

Nachdem die richtige Standtiefe erreicht ist, wird man zunächst die Verschnürung der Krone lösen. Denn nicht immer ist die Verzweigung und Benadelung auf allen Seiten gleichmäßig dicht. Jetzt kann der Baum so lange gedreht werden, bis er mit seiner schönsten Seite in die Hauptblickrichtung zeigt. Nun erst wird das Ballentuch aufgeknotet oder aufgeschnitten. Es muß nicht unbedingt weggezogen werden, wenn es aus natürlichen Fasern besteht, wie beispielsweise aus Jute. Dann kann das auseinandergebreitete Ballentuch ohne weiteres mit eingegraben werden, es verrottet allmählich. Nur Gewebe aus Kunststoffen sind zu entfernen. Danach wird torfvermengte Erde eingefüllt, festgetreten und zumindest im unteren Drittel des Pflanzloches mit einem Pfahl festgestampft. Sodann füllen wir weitere Erde ein und treten sie fest, bis nur noch das obere Drittel der Pflanzgrube offenbleibt.

Über die richtige Reihenfolge der weiteren Arbeiten kann man sich streiten. In den meisten Fällen werden neugepflanzte Bäume, solange die Pflanzgrube noch nicht vollgeschüttet ist, gewässert. Im Falle einer schon stattlicheren Schwarzkiefer würde ich es jedoch anders machen. Immerhin ist die Krone dieses Nadelbaumes sehr viel schwerer als bei einem gleichgroßen Katsurabaum, der zur Zeit der Pflanzung keine Blätter hat. Es könnte leicht passieren, daß der erste Windstoß unsere Schwarzkiefer aus dem Pflanzloch herauskugelt. Denn wenn die eingefüllte Erde nun durchwässert wird, sitzt der runde Wurzelballen wie eine Kugel in einem gut geölten Kugelgelenk. Es dürfte also richtiger sein, den Baum erst zu verankern, ehe er gewässert wird. An den Eckpunkten eines in Gedanken um den Baum herumgezogenen gleichseitigen Dreiecks schlagen wir Pflöcke ein. In der Höhe von etwa anderthalb Metern werden drei Kokosstricke mit lockerer Schlinge um den Stamm der Kiefer gebunden. Mit gleichmäßigem Zug nach allen drei Seiten ist der Baum nun leicht zu befestigen. Erst jetzt wird mit dem Schlauch kräftig gewässert. Wenn das Wasser versickert ist, wird abermals der Hahn aufgedreht. Schließlich ist die Erde vollends einzufüllen. Weil auch in der Folgezeit noch öfter gewässert werden muß, macht man mit dem Spaten einen Wall, einen Gießrand, um das Pflanzloch. Um ein zu starkes Verdunsten des Bodenwassers zu verhindern, streuen wir recht dick Torf über die Pflanzstelle. Wo es nicht stört, kommt das Stroh von der Verpackung noch obenauf.

Wenn ich die schon größere Schwarzkiefer im Frühjahr pflanze, muß ich vorerst für etwas Schatten sorgen. Am besten geht es mit drei Dachlatten oder Bohnenstangen, die für eine zwei Meter hohe Kiefer die Länge von jeweils etwa drei Metern haben müssen. Zwei Latten werden im spitzen Winkel zusammengelegt und an ihrem Zirkelpunkt vernagelt. Die offene

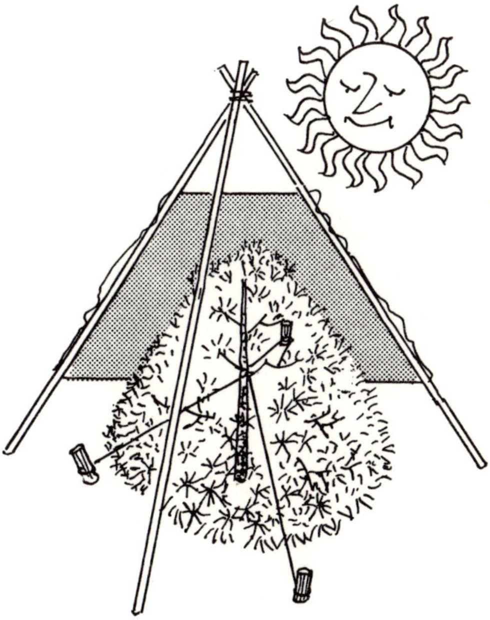

Seite des Lattenzirkels muß so groß wie der untere Durchmesser des Nadelbaumes sein. Es kommt aber nicht so genau darauf an. Über die beiden Latten legt man nun – entsprechend zugeschnitten – Juteleinwand oder auseinandergetrennte Säcke. Die Sackbahnen werden auf die beiden Latten genagelt. Schließlich befestige ich die dritte Latte zur Halterung des Schattenschirms. Das Ganze wird – die Sackleinwand nach Süden – über den neugepflanzten Baum gestellt. Zweckmäßig ist es, flache Löcher zu machen und die Enden der Dachlatten bzw. der Bohnenstangen etwas einzugraben, damit der Wind keinen Schaden anrichten kann.
Aber auch bei einer Pflanzung im Herbst ist anzuraten, für künstlichen Schatten zu sorgen. Denn auf jeden Fall ist das Wurzelwerk der Kiefer reduziert worden, selbst wenn man sie in der Baumschule mit noch so großer Sorgfalt ausgerodet hat. Der Baum kann also, bevor neue Faserwurzeln gewachsen sind, nur in begrenztem Umfang das durch die Verdunstung der Blätter bzw. der Nadeln verlorene Wasser wieder aufnehmen. Wenn noch dazu der Boden gefroren ist und ab Anfang Februar wieder die Sonne heller scheint, kann es leicht zu Trockenschäden kommen. Mancher neugepflanzte Nadelbaum oder immergrüne Strauch ist auf diese Weise schon eingegangen. Fast immer spricht man von Frostschäden, obwohl es in Wirklichkeit doch so ist, daß die Pflanzen infolge Wassermangels vertrocknet sind. Es ist also richtig, von neugepflanzten Nadelbäumen und immergrünen Gehölzen vor allem im Winter, wenn der Boden gefroren ist, die Sonne abzuwehren.

Was für viele Nadelbäume!

In den Wäldern, Parks und Botanischen Gärten Mitteleuropas finden sich etwa dreihundert verschiedene Nadelgehölze, die bei uns winterhart sind. Die größte deutsche Baumschule führt immerhin 60 Gattungen, Arten und Varietäten. So ist das Repertoire an Nadelgehölzen im Garten schier unbegrenzt. Man kann mit ihnen ebensogut ganz flache, teppichartige Pflanzungen anlegen, wie auch hohe Türme bauen.
Unsere Schwarzkiefer, die im übrigen außerordentlich industriefest ist und vor allem im Ruhrgebiet häufig gepflanzt wird, erreicht ohne weiteres die stattliche Höhe von 20 Metern. Auch die Tränenkiefer mit ihren langen, weichen Nadeln wird sehr hoch. Von den Fichten pflanzt man in Gärten gern die Omorikafichte an. Sie hat weit herabhängende und schließlich an den Spitzen wieder nach oben abgebogene Äste. Diese Wuchsform ermöglicht es dem Baum, an seinen Heimatstandorten in

den Gebirgen Serbiens die schneereichen Winter ohne Astbruch zu überstehen. Gleichfalls beliebt ist die Blaufichte, die allerdings zuweilen in Mißkredit gekommen ist. Dies liegt aber nur an der Meinung, man könne diesen Baum in jeden Vorgarten hineinzwängen. Die Blaufichte braucht einen freien Standort, wenn sie schön sein und schön bleiben soll. Desgleichen sind Edeltannen oder Silbertannen sehr begehrt. Alle diese Bäume werden 10 bis 20 Meter hoch. Das gilt auch für die Lärchen, unter denen Azaleen, Rhododendronbüsche und Christrosen stets so gut wachsen, weil sie im Winter und im Frühjahr viel Licht und Sonne mitbekommen, während des Sommers aber in leichtem Schatten stehen.

Unter den Tannen gibt es nur eine einzige Art, die kleiner bleibt, nämlich die Koreatanne. Reizvoll an ihr sind die bereits im Jugendstadium erscheinenden Zapfen, die sich violett-purpurn verfärben.

Unter den Fichten gibt es indessen eine große Zahl von Arten, die auch in 50 Jahren noch recht klein sind. Die Zuckerhutfichte mag vielleicht 3 Meter erreichen, die Nestfichte wird allenfalls meterhoch und die Igelfichte bleibt noch viel kleiner.

Auch bei den Kiefern finden sich einige Arten, die recht klein bleiben. Das ist vor allem die Bergkiefer oder Latsche, auch Krummholzkiefer genannt. Bei diesem Nadelbaum gibt es einen Trick, um ihn stets in niedrigem, kompaktem Wuchs zu halten. Man braucht nur die Maitriebe, wenn sie ausgewachsen sind, um zwei Drittel oder um die Hälfte einzukürzen. An den Schnittstellen bilden sich dann neue Terminalknospen für den Austrieb im kommenden Jahr. Man kann aber auch die Maitriebe mit einem kurzen Ruck gänzlich herausreißen und somit die Bergkiefer in einem fast kissenartigen Wuchs halten.

Eine große Zahl kleiner bleibender Nadelgehölze hält die Gattung Wacholder bereit. Da gibt es einmal die säulenartig wachsenden Wacholder, wie wir sie aus der Heide kennen. Der aus China stammende Pfitzer-Wacholder wächst zu einem breit auseinandergefächerten Busch heran, aber man darf ihn nur pflanzen, wenn keine Birnbäume in der Nähe stehen, weil es sich nämlich um einen Zwischenwirt des Birnengitterrostes handelt. Es gibt aber noch etliche Arten mit ähnlichen, in die Breite gehenden Wuchsformen. Sehr hübsch ist der Blauzeder-Wacholder. Auch für ihn gibt es einen Trick, um ihn stets bis ins Innere benadelt zu halten: Man muß ihm alljährlich Ende Mai die Neutriebe ein wenig einkürzen. Schließlich finden sich unter den Wacholdern auch die besten Teppichknüpfer von allen Nadelbäumen: flach und mattenartig über den Boden dahinwachsende Gehölze mit immerwährender grüner oder bläulicher Belaubung.

Schließlich bringen die Nadelgehölze sehr malerische und skurrile Gestalten hervor. Besonders schön unter den größer werdenden Arten ist die Mähnenfichte. Von ihren waagerecht abstehenden Ästen hängen die Seitenzweige in Meterlänge senkrecht herab. Die berühmteste der kleinbleibenden Arten ist eine Lebensbaumzypresse, Chamaecyparis obtusa ›Nana gracilis‹. Dieses Bäumchen ist auf den Bundesgartenschauen der sechziger Jahre am meisten gestohlen worden.
Während alle Nadelgehölze – voran die Kiefern – recht viel Licht brauchen, ist das bei einer einzigen Art nicht der Fall, nämlich bei der Eibe unserer Wälder. Die Eibe ist nicht nur schattenverträglich, sie hat auch die Gabe, immer wieder nach Rückschnitten selbst aus dem alten Holz austreiben zu können. Beides, die Regenerationsfähigkeit und die Schattenverträglichkeit, machen die Eibe zu einem idealen immergrünen Heckengehölz.
Eine große Rolle, insbesondere als Heckenpflanzen, spielen unter den Nadelgehölzen die Lebensbäume und Lebensbaumzypressen.

Die Blaufichte soll nicht grün werden

Am begehrtesten von allen Nadelbäumen ist die Blautanne, bei der es sich aber immer um eine Fichte handelt! Beim Kauf muß man aufpassen. Beispielsweise wird im Gartencenter eine halbmeterhohe, schön und gleichmäßig gewachsene Blaufichte für 10,– Mark angeboten. Daneben steht eine ebenso blaue, aber recht krumm gewachsene Blaufichte, deren Spitzentrieb noch dazu an einem Bambusstab festgebunden ist. Diese krumme, mit einem Stab in die Höhe gebundene Blaufichte kostet den dreifachen Preis. Der Grund hierfür ist folgender:
Es ist bekannt, daß sich die Tugenden einer Mutterpflanze nur dann auf die Nachkommenschaft übertragen lassen, wenn der Gärtner eine vegetative Vermehrung vornimmt. Als vegetativ bezeichnet man die Vermehrung durch Stecklinge, Steckhölzer, Ableger und Ausläufer, durch Teilung und durch die verschiedenen Praktiken der Veredlung. Außerdem gibt es die durch Samenkörner erfolgende geschlechtliche, die generative Vermehrung. Bei Nadelbäumen nimmt der Wind die Bestäubung der weiblichen Blüten vor. Niemand weiß, von welcher Blaufichte nun der Blütenstaub stammt. Infolgedessen ist es ungewiß, was aus dem Samen einmal heranwächst. Es kann durchaus sein, daß sich daraus mancher Baum entwickelt, der während seines ganzen Lebens die gewünschte Blaufärbung seiner Nadeln behält. Genau weiß man das aber nie. Von den Jungpflan-

Schlanker Wacholder, ein Wasserbecken, Gräser und Stauden sind stets kurzweilig. Dazu blühende Seerosen im Wasser und an der Wand Kletterrosen.

Goldregen und Rhododendron. Nicht mehr steigerungsfähige Blütenfülle im Monat Mai. Dieser Goldregen heißt Laburnum watereri ›Vossii‹.

zen darf man sich also nicht täuschen lassen. Es ist durchaus möglich, daß sich die anfangs blaue Farbe der Nadeln allmählich verliert.
Ganz anders bei der veredelten Blaufichte. Bei ihr bleibt die Jugendfarbe bis ins hohe Alter erhalten, sofern dies auch bei demjenigen Baum der Fall ist, von dem das Edelreis abgeschnitten wurde. Nun ist in den Triebknospen der Nadelbäume bereits vorprogrammiert, ob der daraus hervorwachsende Sproß in die Höhe oder als Seitenast in die Breite wachsen soll. Verwende ich den Spitzentrieb der Mutterpflanze als Edelreis, so wächst das junge Bäumchen mit senkrechtem Stamm und mit gleichmäßig nach allen Seiten ausgebreiteten Ästen in die Höhe, wie es sich für einen guten Nadelbaum gehört. Ganz anders ist es, wenn ich Spitzen der Seitenäste als Edelreiser nehme. Aus derlei Veredlungen, die nur in die Breite wachsen wollen, sind schon die kuriosesten Nadelbäume entstanden.
Da jede Mutterpflanze nur einen einzigen Spitzentrieb hat, sind die Seitenastveredlungen verständlicherweise am häufigsten. Zur Aufzucht gehört viel Geduld. Vom ersten Jahr an muß ich das Edelreis immer wieder an einem Bambusstab festbinden; es wird auf diese Weise dazu gezwungen, senkrecht zu wachsen. Allmählich begreift die junge Blaufichte jedoch, was von ihr erwartet wird. Etwa nach fünf bis sechs Jahren wächst sie dann ohne jeden menschlichen Zwang als manierliches Nadelbäumchen weiter. So kommt es auch, daß veredelte Blaufichten im unteren Bereich oft ungleichmäßig und verwachsen aussehen. Dagegen wächst der aus einem Samenkorn entstandene Baum vom ersten Tag an in schönster Symmetrie in die Höhe.
Es ist im Gartencenter oder in der Baumschule freilich ein schwerer Entschluß, für den einen Blaufichtenbaum fast das Dreifache des Preises bezahlen zu sollen, den der andere und nicht weniger blau benadelte Baum kostet, der noch dazu viel gerader und mit gleichmäßig verteilten Seitenästen herangewachsen ist. Nur weiß ich bei dem billigeren, durch Samen vermehrten Baum niemals, ob er auch in fünfzig Jahren noch so schön blau ist, wie ich es wünsche. Bei der veredelten Blaufichte weiß ich dies hingegen ganz genau. – Ähnliche Bemerkungen sind bereits zu dem Walnußbaum gemacht worden.
Überhaupt soll man beim Kauf von Bäumen für den Garten nur die besten Qualitäten nehmen und die Pflanzen dorther beziehen, wo man vor allem auch der Sortenrichtigkeit gewiß sein kann. Ein Haus läßt sich, wenigstens theoretisch, nach dreißig Jahren abreißen und in wenigen Wochen erneut aufbauen. Aber ein Baum läßt sich da nicht mehr oder doch nur mit großen Kosten und Schwierigkeiten verpflanzen. Man bedenke auch, daß Nadelbäume sehr alt werden können.

Blühende Sträucher das ganze Jahr

Blütengehölze

Auf einem Klavier sind fünfundachtzig schwarze und weiße Tasten, mit denen Töne erzeugt werden. Aus diesen immer wieder anders angeordneten Tönen besteht die Musik der ganzen Welt. Wir kennen aber mindestens zehnmal so viele, immer wieder andere Blütensträucher. Aus den verschiedenen Gruppierungen dieser Gehölze lassen sich Gartenmotive schaffen, deren Anzahl unendlich ist. Verbindliche Empfehlungen für die Gartengestaltung mit Ziergehölzen sind also unmöglich. Doch gibt es einen Trost. Zumindest in den ersten fünf Jahren ihres Wachstums lassen sich alle Sträucher leicht verpflanzen. Man kann sie also wie Möbel in einer Wohnung so lange hin- und herrücken, bis sie richtig stehen.

Ein Strauch zieht um

Nehmen wir beispielsweise den Gewürzstrauch. Sein Reiz liegt in der zwar recht unauffälligen, aber edelgeformten und während des Sommers würzig duftenden Blüte. Das Verpflanzen geschieht in der Zeit zwischen Oktober und April, wenn der Strauch keine Blätter hat und der Boden nicht gefroren ist. Zuerst ist die Erde ringsum flach und recht vorsichtig wegzugraben. Dabei ist bereits zu sehen und zu spüren, wo der Wurzelballen am festesten ist. Wo er anfängt, lockerer zu werden, wird der Spaten etwas schräg und so tief als möglich ringsum hineingestochen. Wird das mehrmals wiederholt, läßt sich bereits der Ballen mit der Hebelkraft des Spatens anheben. Ein paar Rucke, und der Strauch kugelt sich leicht aus dem Loch. Man kann die Arbeit durchaus allein verrichten, da der Strauch nicht allzu schwer ist. Auf den Schubkarren gehoben und an die neue Pflanzstelle gefahren, alles geht recht leicht.

An dem neuen Standort wird nun ein ebenso großes Loch ausgehoben, wie es der Strauch an dem bisherigen Platz hinterlassen hat. Feuchter Torf, wie bei jedem Verpflanzen, ist erforderlich. Auch etwas Kompost kann nur nützlich sein. Wie die Schwarzkiefer wird auch der Gewürzstrauch so lange gedreht und kritisch betrachtet werden müssen, bis er mit

der malerischsten Seite in der Blickrichtung steht. Alles weitere geht dann wie bei jeder Pflanzung vor sich. Torfvermengte Erde wird so lange eingefüllt und festgetreten, bis nur noch ein flacher Graben verbleibt. Bei dem anschließenden Wässern kann der Leitungshahn recht weit aufgedreht werden, damit die Erde durch den scharfen Wasserstrahl richtig in die Wurzeln schlemmt. Schließlich ist die restliche Erde einzufüllen, auch hier ein Gießrand zu machen und mit feuchtem Torf abzudecken.
Mit den verringerten Wurzeln kann der Strauch aber nicht so viel Wasser hochpumpen, wie die Blätter benötigen. Also wird das Holz entsprechend reduziert. Gewöhnlich genügt es, alle Langtriebe und Verzweigungen um ein Drittel einzukürzen, wobei darauf zu achten ist, daß die verbleibenden Endknospen nach außen weisen. Spätestens im nächsten Jahr wird der Gewürzstrauch wieder in seiner ganzen Schönheit im Garten stehen. Und so geht es mit allen Sträuchern, die im Herbst ihre Blätter abwerfen.
Es passiert häufig, daß der Gärtnersmann im Herbst einige Sträucher verpflanzt und hinterher Tulpen, Hyazinthen, Narzissen und Krokusse steckt. Da es keinen Spaß macht, die verschiedenen Arten und Sorten nicht bei ihren Namen nennen zu können, wird jeder neue Gärtner die Sortenbezeichnungen auf Papieretiketten schreiben, die dann an Stäbe gedrahtet werden. Man nimmt dafür die erstbesten Stäbe, gewöhnlich die abgeschnittenen Triebe der verpflanzten Gehölze. Über die Etikettenstäbe fällt dann der Schnee, der Schnee schmilzt, die Tulpen blühen, die Etikettenstäbe bekommen Blätter, ein herausgezogener Forsythienstab zeigt bereits Wurzeln, es wird Herbst, der Etikettenstab aus Rosenholz hat sich verzweigt, er ist mit der Hand gar nicht mehr herauszuziehen, ein Spaten wird geholt, der Wurzelbart ist gewaltig. Und so einfach geht das mit der Vermehrung vieler – aber nicht aller – Blütengehölze. Allein, es lohnt sich nicht. Man braucht vielleicht eine einzige Forsythie im Garten und der fertige Strauch kostet allenfalls zwei Mark. Die Rosa multiflora beansprucht, wenn sie ausgewachsen ist, einen Platz von zwölf Quadratmetern. Höchstens eine einzige Pflanze kann man sich leisten, und die kostet ebenfalls kaum zwei Mark. Und selbst für den falschen Jasmin oder Philadelphus, der in den Juninächten so schön duftet, verlangt der Baumschulgärtner nicht viel mehr.

Das ganze Jahr schön anzusehen

Es ist eine feine Sache, daß wir Ausstellungen und besonders unsere Bundesgartenschauen haben. In den Mustergärten lassen sich die schönsten Sträucher aussuchen. Allerdings ist Vorsicht geboten. Diese Gärten sind auf schnelle Wirkung gepflanzt worden, manchmal erst wenige Wochen vor Ausstellungseröffnung. Damit die Anlage sofort etwas darstellt, stehen die Gehölze viel zu eng. Später werden die Gärten entweder völlig eingeebnet, oder man dünnt die Pflanzungen aus. Derartige Vorbilder sind also nicht so einfach in die Wirklichkeit des eigenen Gartens zu übertragen. Sträucher werden größer und breiter, als man annimmt, und mit der Schere kann man sie letztlich nicht bändigen.

Skepsis ist gleichfalls gegenüber Garten- und Pflanzplänen angebracht, wie sie neuerdings von Unternehmen herausgegeben und verbreitet werden, die vom Pflanzenverkauf leben. Vorschläge, je Quadratmeter einen Blütenstrauch zu pflanzen, sind gar nicht so selten.

Die Frage, welche Sträucher man im eigenen Garten pflanzen soll, ist so gut wie überhaupt nicht zu beantworten. Auch die Platzansprüche sind unterschiedlich. Es gibt Zwergsträucher und Riesen. Faustregeln lassen sich kaum aufstellen. Im allgemeinen darf man jedoch sagen, daß Blütengehölze einen allseitigen Abstand von drei Metern benötigen.

Wer die Wahl hat, hat die Qual. Einige Sträucher, wie etwa die Korkenzieherhasel, wirken durch ihre Wuchsformen vor allem im Winter. Die Korkenzieherhasel hat spiralig gedrehte Zweige, als wäre der Strauch einmal mit Branntwein statt mit Wasser gegossen worden. Andere Gehölze haben feingeschnittene und schön gefärbte Blätter wie beispielsweise der Fächerahorn. Auch ihrer Früchte wegen werden Sträucher gepflanzt. Besonders hübsch ist die Schönfrucht, auch Liebesperlenstrauch genannt, mit ihrem lila Beerengehänge. Selbst die Rindenfärbung hat Reize, wie beispielsweise bei dem blutroten Hartriegel, besonders im Winter, wenn Schnee liegt. Oder man hat sein Vergnügen an den eigenartigen Korkbildungen, wie bei dem geflügelten Spindelbusch. Auch die rotdurchleuchteten, breitflügeligen Stacheln der Stacheldrahtrose im späten Frühjahr haben ihre Reize.

Vor allem aber pflanzt man Sträucher wegen ihrer Blüten.

Wer es geschickt anfängt, der hat während des ganzen Jahres blühende Sträucher im Garten. Das Winterwetter darf allerdings nicht geradezu sibirisch sein. Dann blüht im Januar die rote Schneeheide still vor sich hin. Im Februar kann ruhig der Schnee über die zittrigen Blütensterne der Zaubernuß fallen. Für die weiße Sternmagnolie im März halte man ein altes

Bettuch bereit, falls es Frost gibt. Der Osterhase stellt sich im April mit den eidottergelben Forsythien ein. Mit den Darwin-Tulpen im Mai blüht der Flieder. Der Philadelphus oder falsche Jasmin duftet im Juni mit dem Heu um die Wette. Im Juli öffnet die Buddleia für alle Schmetterlinge ihre Honigtränke. Der Baumhortensie im August folgt der Hibiskus, wenn im September bereits die Schwalben von dannen ziehen; der winterharte Strauch hat auffallende Blüten in den Farbbereichen zwischen weiß, rot und blau. Der Buschklee hängt seine Blütenzweige über das Gemäuer, wenn im Oktober die Blätter im Wind treiben. Den Blüten der Schneekirsche macht auch der Rauhreif am Totensonntag nichts aus, der Baum heißt Prunus subhirtella autumnalis. Der echte Jasmin blüht primelgelb im Garten, wenn im Zimmer der Weihnachtsbaum brennt. Und das sind nur zwölf von mehreren hundert Gestalten.

Der Gärtner ist kein Schneider

Weithin ist die Meinung verbreitet, daß in jedem Frühjahr vor dem Laubaustrieb an allen Sträuchern herumgeschnippelt werden muß; daß im Garten unaufhörlich die Schere zu klicken hat, wenn im März die Amseln flöten. Und so ist das Schneiden geradezu eine Untugend in unseren Gärten geworden. Viel Blütenpracht wird auf diese Weise immer wieder vernichtet. Um Sträucher richtig behandeln zu können, muß man einfach wissen, wie und wann ihre Blütenknospen zustande kommen.

Stellen wir uns einmal den von der Forsythie abgeschnittenen Trieb vor, an dem das Etikett mit der Tulpensortenbezeichnung festgebunden worden ist. Dieses Stückchen Holz steckt im Frühlingsblumenbeet, und es treibt im April gelbe Blüten, ohne bereits irgendwelche Wurzeln zu haben. Die Etikettenstäbe können aber nur deshalb blühen, weil sie im Herbst abgeschnitten worden sind, als die Knospen schon fix und fertig waren. Man sehe sich im Gartencenter einmal im Herbst die Gehölze an, die im vorigen Absatz mit ihren Blütezeiten vom Januar bis Dezember erwähnt worden sind. Da ist die Schneeheide, deren Knospen bereits Farbe zeigen. Deutlich ausgebildet sind desgleichen die Knospen bei Zaubernuß, Sternmagnolie, Forsythie und Flieder. Die Blüten sind also, lediglich eingewickelt in die schützende Knospe, bereits angelegt. Anders ist es bei den Gehölzen, die etwa ab Juni blühen. Der falsche Jasmin hat im Herbst zuvor nur kleine Blattknospen. Bei der Buddleia, der Hortensie, dem Hibiskus und dem Buschklee ist es ebenso. Blütenknospen sind noch nicht zu sehen. Alle diese Sträucher haben im Frühjahr erst grüne, krautige Triebe, an

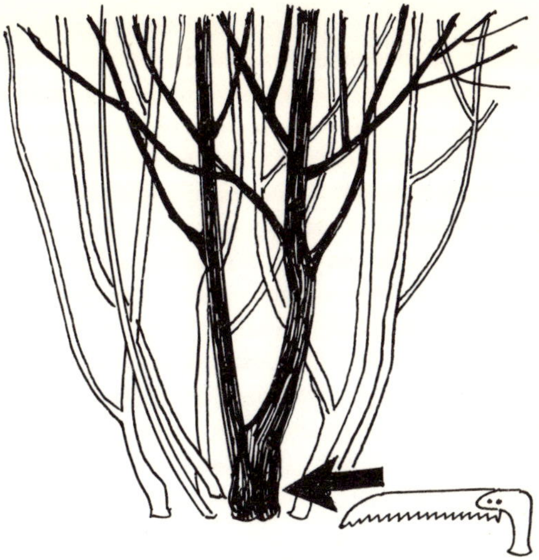

denen die Blütenknospen erscheinen. Selbstverständlich sind auch die Knospen derjenigen Gehölze schon im Herbst fertig, die bereits im November und im Dezember erblühen, also bei der Schneekirsche und dem Jasmin. Denn junge, beblätterte Triebe können in der dunklen, kalten Winterszeit ohnehin nicht wachsen. Das geht erst im Frühjahr und nimmt an Stärke zu, je heller es wird. Zwar ist es nicht grundsätzlich und immer so, aber im allgemeinen sind die Blütenknospen der von November bis Anfang Mai blühenden Gehölze schon fertig, wenn es Herbst wird. Muß an diesen Gewächsen irgend etwas geschnitten werden, dann bitte im Frühling, wenn der Flor vorbei ist.

Die meisten der von Juni bis Oktober blühenden Gehölze entwickeln ihre Knospen an Trieben, deren Wachstum im Frühjahr beginnt. Ein besonders auffälliges Beispiel dafür bietet die Rose. Diese – und nur diese – Sträucher kann man im März oder im Winter zuvor zurückschneiden, was zuweilen sogar besser ist, weil dann der Neutrieb um so kräftiger und der Blütenflor um so größer wird.

Manchmal wird der Rückschnitt schon vom Winterfrost besorgt. Bei der Buddleia ist das häufig der Fall, das junge Holz friert zurück. Es ist aber absolut nicht falsch, diesen Strauch im Frühjahr sehr kurz zurückzuschneiden, denn sein Austrieb und sein Flor werden dann um so besser.

Auch bei der Strauchhortensie ist es gut, das letztjährige Holz bis auf die untersten beiden Knospenpaare wegzunehmen.
Einige Sträucher, wie der Philadelphus oder falsche Jasmin, haben zuweilen die Neigung, mit mehr als meterhoch gebildeten Seitenästen in die Breite zu wachsen. Angestrebt ist indessen eine ständige Verjüngung des Strauches durch Triebe, die von unten, von der Basis her kommen. Also schneidet man im Frühjahr die Seitenäste weg.
Wenn an den Sträuchern, die zwischen November und Mai blühen, etwas geschnitten werden muß, dann selbstverständlich im Frühjahr, wenn der Flor vorbei ist. Zum Beispiel die Schneeheide. Sie wächst im Lauf der Jahre höher und höher. Im April kann man sie, wenn die Blüte vorbei ist, mit der Schere – gar mit der Heckenschere bei großen Flächen – auf die Hälfte zurücknehmen. Die Sträucher haben dann das ganze Frühjahr und den langen Sommer vor sich. Es ist also genug Zeit, daß aus den Schnittstellen neue Heidetriebe mit Blütenknospen für den nächsten Winter wachsen.
Noch mehr in die Höhe wächst die Besenheide, die im September blüht. Draußen in der Natur wird der dauernde Rückschnitt durch die Heidschnucken besorgt. Im Garten muß es der Gärtner mit der Schere tun.
Es gibt nur eine einzige, immer gültige Schnittregel für Blütensträucher. Man versuche, die Sträucher jung zu halten und sie immer wieder zu veranlassen, neue Triebe möglichst weit von unten her aufwachsen zu lassen. Das wird erreicht, indem man den Büschen alle zwei oder drei Jahre altes Holz wegnimmt. Wichtig ist, dabei die Säge so tief wie möglich anzusetzen und ganze Stämme mit allen Verzweigungen herauszuschneiden. Im folgenden Winter kommt dann der nächste Stamm heraus.
Bei der Sternmagnolie und manchen anderen langsam wachsenden Gehölzen kommt man ohnehin nicht auf den Gedanken, sie zurückzuschneiden. Auch bei der im Februar blühenden Zaubernuß ist das der Fall. Dennoch darf man hier nicht schematisch vorgehen. Wer an den Strauch und sein Wachstum denkt, wird des öfteren die abgeblühten Verzweigungen der Zaubernuß um ein Drittel zurückschneiden. Auf diese Weise bekommt er im Lauf der Jahre einen Strauch, der bis ins Innere hinein reich verzweigt und voller Blüten ist. Läßt man die Zaubernuß unbeschnitten, wie es in allen Lehrbüchern empfohlen wird, so wächst sie immer mehr in die Länge und in die Breite, während sich im Inneren des Busches keine Blütenknospen mehr bilden. Man soll über das Leben, das Wachstum und den Blütenrhythmus seiner Gehölze nachdenken, ehe man an ihnen herumschnippelt. Das Schneiden erfolgt nicht so sehr mit der Schere als mit dem Kopf.

Immergrüne

Der besondere Reiz immergrüner Gehölze liegt darin, daß sie über Winter ihr Laub behalten. Einige dieser Sträucher, vor allem die Arten und Varietäten der Gattung Rhododendron, zeichnen sich außerdem durch farbenprächtige Blüten aus. Am längsten bekannt von allen immergrünen Sträuchern im Garten ist der Buchsbaum. Vor allem in Bauerngärten sind schon von jeher die Beete mit niedrigen Buchsbaumeinfassungen umgeben worden. Neuerdings, da man zumindest in den Gärten sich gern romantischerer Zeiten erinnert, werden bisweilen eingekübelte Buchsbaumfiguren angeboten: Esel, Hähne und andere Vertreter der Zoologie. Dennoch ist die Besinnlichkeit früherer Zeitläufte noch nicht wieder in die Gärten zurückgekehrt. Die grünen Plastiken werden mit der Schere geschnitten, während man in den Zeiten der Guts- und Schloßgärtner die Figuren noch mit den Händen zupfte. Heute findet man den immergrünen Buchsbaum vor allem als Schattengehölz. Es gibt wohl keinen Strauch, der ähnlich anspruchslos ist, was Licht und Sonne betrifft.

Häufig anzutreffen, zumal als Heckenpflanze, ist von den immergrünen Gehölzen der Kirschlorbeer. Stilistisch paßt dieser Kirschlorbeer aber nur in eine Umwelt, die etwas südländisch anmutet. Auch sollte man beim Schneiden dieser Hecken nicht die übliche Heckenschere verwenden, weil von ihr die Blätter durchtrennt werden. Es ist richtiger, die zu langen Triebe mit der Rosenschere wegzuschneiden. Für freie Pflanzungen wähle man eine der breitwachsenden Formen, die mit ihren weißen, an Lampenputzer erinnernden Blüten wunderschön aussehen.

Den Ilex oder die Hülse mit ihren stacheligen Blättern kennt jeder aus dem Wald. Es gibt pyramidal wie auch unregelmäßig wachsende Formen des Ilex, und vor allem im Winter sind seine roten Beeren eine Zierde. Nur muß man sich mit den Wildkaninchen verständigen. Auf ihren Hinterläufen stehend, nagen sie nämlich den Ilex kahl, soweit sie heranreichen.

Sehr angebracht ist es, an die Straßengrenze eines Gartens den runzelblättrigen Schneeball zu pflanzen, der ebenfalls immergrün ist. Da dieser Schneeball seine Laubblätter fast senkrecht herabhängen läßt, ist er ein guter Lärm- und Staubschlucker.

Eine stattliche Anzahl von Sträuchern behält über Winter grüne Blätter. So der Viburnum burkwoodii mit seinen rosa Duftschneeballblüten im März, so der teppichartig wachsende und allmählich weite Bodenflächen überspinnende Cotoneaster humifusus und der Feuerdorn mit seinen weithin leuchtenden Blüten im Herbst. Ein Wort noch zu diesem Feuerdorn, der von manchen Gartenbesitzern als blühfaul bezeichnet wird.

Bei diesem Strauch gilt dasselbe, was an anderer Stelle bereits über die Walnuß und über die Blaufichte gesagt worden ist. Sofern der Feuerdorn aus Samen herangezogen wird, wächst er verhältnismäßig schnell zu einem großen Strauch heran. Man weiß aber niemals genau, ob überhaupt und wann er zu blühen und demzufolge auch zu fruchten anfängt. Richtiger ist, sich einen etwas teureren, aber sortenecht durch Veredlung oder auf andere vegetative Art herangezogenen Feuerdornstrauch zu kaufen; berühmt ist die Sorte ›Kasan‹. Die sortenechten Feuerdorne blühen bereits nach zwei oder drei Jahren, und der orangerote Beerenbehang im Herbst und im Winter läßt gleichfalls nicht länger auf sich warten. Am bekanntesten unter den Immergrünen ist jedoch die weltweite Gevatterschaft des bescheidensten Sträuchleins unserer Heimat, nämlich des Heidekrautes, der Erika. Es gibt keine größere Blütenpracht als die der Ericaceae.

Rhododendron heißt Rosenbaum

Besonders die Gattung Rhododendron ist an Farbenfülle und Vielgestaltigkeit unübertroffen. Vier kennzeichnende Merkmale sind ihr eigen. Zunächst sind sie leicht verpflanzbar. Selbst größere Büsche kann man gut umsetzen. Man sieht es den Wurzeln schon an, wie flach sie im Erdboden verbleiben und wie sie sich ganz eng und dicht zu einem richtigen Wurzelkissen verfilzen. Deswegen darf man Rhododendron nie mit anderen Gehölzen zusammenpflanzen, die ebenfalls mit ihren Wurzeln nur flach unter dem Erdboden dahinziehen, was vor allem bei der Birke der Fall ist. Die beiden Gehölze würden sich die Lebensmittel ständig streitig machen. Richtig ist, zwischen die Rhododendronsträucher tiefwurzelnde und leicht schattige Bäume wie Eichen, Kiefern und Lärchen zu pflanzen.

Zweitens sind bei allen Rhododendronsträuchern die Blütenknospen fix und fertig, wenn es Herbst wird. Je wärmer der Hochsommer ist, um so reichlicher werden diese Blütenknospen angesetzt. Deshalb kann man im Herbst und im Frühjahr knospige Rhododendronsträucher beliebiger Größe kaufen, die ganz sicher im Mai blühen.

Alle diese Gehölze brauchen ferner einen sehr humosen Boden, und weil sie in anmooriger Erde am besten gedeihen, nennen sie die Gärtner auch Moorbeetpflanzen. Man soll also viel Torf in die Gartenerde mischen, es kann gar nicht genug sein, denn sie würden in reinem Torf am vorzüglichsten gedeihen. Das Pflanzen und Verpflanzen des Rhododendronstrauchs ist eine Spielerei. Eine Pflanzgrube, etwa ein Drittel breiter als der Wurzelballen, muß ausgehoben und unten etwas gelockert werden. Auf die gelockerte Unterschicht kommt eine Schicht Torf. Nun wird der Strauch hineingestellt und mit dem übergelegten Spatenstiel gemessen, ob er in der richtigen Tiefe steht. Alsdann wird feuchter Torf eingeworfen. Je nach vorhandenem Humus nimmt man mehr oder weniger. Als Faustregel gilt: drei Schaufeln Torf und eine Schaufel Erde. Der eingefüllte Boden wird mit den Fäusten festgedrückt und dann eingeschlämmt. Restliche Erde ist einzufüllen und dann die Pflanzstelle mit Torf abzudecken.

Viertens brauchen alle – oder doch zumindest fast alle – Rhododendronarten ein weiches, also kalkfreies Wasser. Deshalb wird man in München, in Stuttgart und in der Ebene des Oberrheins kaum sonderlich imponierende Rhododendronpflanzungen vorfinden. Es sei denn, man wendet viele Mühen auf, um dem Boden immer wieder Humus zuzuführen und das Gießwasser zu entkalken. Wo Seife gut schäumt, da kann man Rhododendron unbesorgt pflanzen.

Schließlich brauchen alle Rhododendronarten viel Luftfeuchtigkeit. An der See und in feuchten Gebirgstälern kann man sie in die volle Sonne pflanzen. Andernfalls ist ein leichter Schatten vorzuziehen. Man sollte sich merken: Je kleiner die Blätter einer Rhododendronart sind, um so mehr Licht und Sonne wird vertragen. So findet man beispielsweise den kleinblättrigen Rhododendron impeditum häufig in Steingärten.

Schatten ist besonders nach der Anpflanzung wichtig, damit die Blätter nicht soviel Wasser verdunsten. Auch hier bewährt sich die Methode, wie sie bei der verpflanzten Schwarzkiefer bereits geschildert worden ist. Man stellt drei Stecken über den Rhododendronstrauch, die in der Mitte oben verdrahtet werden. Über zwei dieser Stecken, die nach Süden ausgerichtet sind, breitet man dann eine alte Gardine, Sackleinwand oder Jutegewebe aus. Bitte aber die Befestigung der Tücher nicht vergessen, weil sie sonst der Wind wegweht.

Noch wichtiger fast als im Frühling ist dieser Schatten für die jungen Pflanzen im Winter. Auch hier gilt, was bei der Schwarzkiefer gesagt worden ist, daß die Sonne im Februar zuweilen sehr warm scheint und die Blätter viel Wasser verdunsten. Und gerade während der sonnigen Winterszeit herrscht vielfach strenger Frost. Wenn aber die Blätter viel Wasser verdunsten, das die Wurzeln aus dem gefrorenen Boden nicht ersetzen können, dann vertrocknet der Rhododendronstrauch.

Ein wenig schützt sich der Rhododendron gegen die Verdunstung im Winter, indem er bei Frost die Blätter eng zusammenrollt. Die zusammengerollten Blätter haben schon manchen Gartenfreund beunruhigt, und es

ist vorgekommen, daß Frauen warmes Wasser über die Sträucher gegossen haben. Dies führt natürlich zu keinem guten Ende, denn die Schutzmaßnahme ist von der Natur gewollt.
Bei diesen Prachtsträuchern gibt es wenig Pflegearbeiten. Im März wird je Quadratmeter der vermuteten Wurzelausdehnung eine Handvoll Blaukornvolldünger ausgestreut, ganz leicht eingehäckelt und eingewässert. Dasselbe erfolgt ein zweites Mal nach der Blüte.
Es empfiehlt sich, nach dem Flor die vertrockneten Blütenstände auszubrechen, an deren Seiten bereits die beiden Knospen der Neutriebe sitzen. Das Ausbrechen geht ganz leicht, als hätte die Bruchstelle von der Natur her eine unsichtbare Perforation bekommen.
Im Oktober schließlich, wenn es wochenlang trocken war, sind die Rhododendronsträucher ausgiebig zu wässern. Sie müssen sich richtig vollsaufen können, um ungefährdet durch den Winter zu kommen. Man macht runde Wälle und läßt das Wasser langsam und lange aus dem Schlauch gluckern. Aber niemals vergessen, junge Pflanzen zusätzlich vor der Sonne zu schützen! Mit Nadelholzzweigen geht es, wenn einem der Bau eines Schattensegels zu aufwendig sein sollte, ebenso gut.
Die Zugehörigkeit der Pflanzen zu bestimmten Gattungen erkennt man an der Blüte. So sehen die sechsblättrigen, an der Kelchröhre verwachsenen Blüten mit ihren langen Staubgefäßen bei allen Rhododendronarten gleich aus. Mal sitzen sie in dichten Dolden beieinander, dann wieder kommen die Blüten vereinzelt aus den Knospen. Im allgemeinen werden nur die Büsche mit ihren großmächtigen, runden Dolden als Rhododendron bezeichnet. Strenggenommen gehören aber auch die Azaleen dazu.
Für den kleinen Hausgarten ist es recht schwierig, die richtige Auswahl zu treffen. In den Vorgarten gehört, wenn er etwas geschützt vor kalten Ostwinden liegt, unbedingt die Vorfrühlingsazalee hinein; sie heißt Rhododendron praecox. Es kommt vor, daß dieser Strauch schon im Februar seine lilarosa Blüten zeigt.
In jedem Garten gibt es Platz für ein paar japanische Azaleen. Wer wollte schon auf diese Farbenpracht im frühen Frühling verzichten? Dazu gesellt sich der betörend süße Duft dieser Blüten. Und die Sträucher werden niemals übermäßig groß. An sich sind sie wintergrün. Doch überstehen sie bei uns zuweilen die kalte Jahreszeit nicht, ohne ihre Blätter zu verlieren. Den Blütenknospen aber hat noch kein Winter etwas ausgemacht. Und nach dem Flor treiben auch die grünen Blätter erneut.
Neben der Terrasse oder dem Treppenabgang, wo man größere Büsche nicht gebrauchen kann, ist Platz für Sorten des Rhododendron arendsii. Auch in Jahrzehnten werden diese Büsche kaum meterhoch. Während der

Blütezeit sind unter den dichtsitzenden Blüten die grünen Blätter fast nicht zu sehen. Alle Sorten tragen Namen von Flüssen aus dem Sauerland, der Ennepe, Lister, Ager und Eder. Es handelt sich dabei um Züchtungen des Gärtners Georg Arends in Ronsdorf bei Wuppertal. Daher die Bezeichnung Rhododendron arendsii-Hybriden.

Von demselben Züchter stammt eine Gruppe noch kleinerer, gedrungenerer Sorten, die in Jahrzehnten kaum halbmeterhoch werden. Bei ihnen stehen die Blüten noch gedrängter als bei Rhododendron arendsii. Es ist die Gruppe des Rhododendron aronense. Sie tragen alle japanische Mädchennamen wie ›Fumiko‹, ›Hanako‹ und ›Momoko‹.

Diese drei größenmäßig verschiedenen Gruppen, also japanische Azalee, Rhododendron arendsii und Rhododendron aronense, sind in besonderem Maße für den Garten geeignet. Es ist auch ohne weiteres möglich, alle drei Gruppen in voller Blüte zu pflanzen.

Dazu gehört in einiger Entfernung ein blaublühender Rhododendron. Auch für Steingärten ist dieses Kerlchen geeignet, das selbst in Skandinavien total winterfest ist. Der Wuchs ist stets kugelig, wobei die blaue Blütenkugel durchaus meterhoch werden kann. Wer sich dafür interessiert, der kaufe oder bestelle sich den Rhododendron augustinii ›Blue Tit‹, zu deutsch ›Blaumeise‹.

Wertvoll, besonders für kleine Gärten, ist der kriechende Rhododendron. Er hat rundliche und kleine Blätter, seine glockigen Blüten leuchten infernalisch rot. Der genaue Name: Rhododendron forrestii var. repens. Die Sorte ›Baden-Baden‹ ist am berühmtesten. Die Züchtung stammt übrigens von einem Landwirt, der die Rhododendronzüchterei als Hobby betreibt und zufälligerweise – nur etwas anders geschrieben – Hobbie heißt.

Auch der glockenblütige Rhododendron, Rhododendron williamsianum, wurde von Hobbie gezüchtet. Es gibt ihn in vielen Farben, vor allem die beim Austrieb honiggelben Blätter sind wunderschön.

Schließlich folgen im Mai bis in den Juni hinein die bekannten großblütigen, gewaltigen Rhododendronsträucher mit ihren in Dolden zusammengefaßten Blüten. Es sind durchweg Kreuzungen zwischen lilablühenden nordamerikanischen Wildarten, von denen die Winterfestigkeit stammt, und von unendlich farbenfrohen Arten aus Südostasien. Am besten fährt man, wenn man sich Pflanzen aus dem sogenannten Standardsortiment kauft.

Wo alle diese Moorbeetpflanzen gedeihen, da wachsen auch viele Lilien ausgezeichnet. Deswegen wird man auf Ausstellungen und in öffentlichen Parks stets aufwachsende Lilien sehen, wenn die Rhododendronsträucher blühen. Sobald der Flor vorbei ist, ziehen die aufblühenden Lilien alle Aufmerksamkeit auf sich.

Zumindest zwei weitere Sträucher unter den Immergrünen gibt es, auf die man keinesfalls verzichten sollte. Das ist einmal die im März blühende Andromeda-Heide und zum anderen die Lorbeerrose, Kalmia latifolia, deren Flor einsetzt, wenn es mit der Rhododendronblüte zu Ende geht.

Nochmals: Das Pflanzen und Pflegen ist leicht, wenn der Boden humusreich und feucht, wenn das Wasser ohne Kalk und der Standort im Binnenland etwas schattig ist. Nur schwerer, nasser Schnee kann einer Rhododendronart zusetzen. Schüttelt man den Schnee nicht ab, gibt es Bruch. Aber auch dann braucht man nicht zu verzagen. Man schneidet die Stämme glatt, es erfolgt ein neuer Austrieb von unten. Das berühmte Rhododendrontal in der Gruga in Essen ist einmal vom Schnee völlig zerstört worden, und nun sehe man sich die Pracht des beinahe dschungelhaft herangewachsenen Tales zur Blütezeit einmal an. Andere immergrüne Sträucher sind elastischer. Der Kirschlorbeer richtet sich immer wieder auf, und auch unser Buchsbaumhahn plustert sich den Schnee aus den Federn und steht wieder auf seinen Beinen, wenn es taut.

Kletterer

Die Tapete gibt der Wand im Zimmer ein geheimnisvolles Leben, unsere Gedanken gehen auf Reise, die Fantasie wird angeregt, die Welt der Vorstellung weitet sich. Mit den lebendigen Tapetenblumen ist es nicht anders, der ganze Garten bekommt durch sie eine neue Dimension.

Man schaue sich eine Hauswand an, die mit dem Jungfernwein bewachsen ist. Der Gärtner nennt ihn Parthenocissus quinquefolia engelmannii. Im Frühjahr schimmert die überwachsene Wand während des Austriebs des Jungfernweins zwischen zartgrün und bronzerot. Feuerrot dagegen wird die Wand im Herbst. Oder man betrachte im Juli eine mehr im Schatten gelegene Wand mit den Blüten der Kletterhortensie. Vorher, manchmal schon im Mai, wird mancher Gartenzaun zu einer blühenden Mauer, wenn er von einer bestimmten Waldrebe überwachsen ist, der Clematis montana rubens. Zu den prächtigsten Kletterern gehört die Glyzine, botanisch richtig als Wisteria bezeichnet. Manchmal hängen die blauen Blütentrauben unter den Dächern der Laubengänge, als kämen sie geradewegs aus dem Himmel.

Wie die Kinder Leitern, Seile und Sprossenwände haben müssen, um klettern zu können, so auch diese Pflanzen. Nur wenige Gewächse haben die

Fähigkeit, sich unmittelbar am Mauerwerk festhalten zu können. Am besten ist es, in die Wand gerade Flacheisen einzuschlagen, die am Ende mit Löchern versehen sind. Die Löcher sollen sich etwa eine Handbreite vor der Mauer befinden. Latten aus Holz, so schön sie sind, sind ungeeignet. Kletterer wachsen schnell, werden dicht, leben Jahrzehnte. Es ist fast unmöglich, das Holz zu erneuern, ohne die Pflanzen zu schädigen. Kunststoffumsponnenes Baustahlgewebe ist am geeignetsten. Es sieht nicht sehr schön aus, aber nach drei Monaten ist es zugewachsen. Auch Drähte, die von Kunststoff überzogen sind, lassen sich durch die Löcher ziehen und waagerecht verspannen. Desgleichen sind einfache Drahtgitternetze brauchbar, die man an den Löchern der Flacheisen befestigt. Mit diesen Hilfsmitteln kann der hängende Garten einer modernen Semiramis entstehen.

Wesen und Eigenart dieser in die Höhe gehenden Gewächse lassen sich gut am Beispiel kletternder Kinder erklären. Wie ein Junge auch immer die Leiter erklettern möchte: ohne die greifenden Hände geht es nicht. Und Greiforgane, mit denen sie die Zweige anderer Gehölze oder auch Maschendrähte wie die Sprossen einer Leiter umwickeln, haben auch mehrere unserer KLETTERGEHÖLZE. Man bezeichnet diese Greiforgane als Reben. Am bekanntesten ist die Weinrebe, der jedoch im Garten keine allzu große Bedeutung zukommt. Dagegen ist die Waldrebe mit ihren verschiedenen Arten und den farbenfrohen Züchtungen außerordentlich häufig. Diese Pflanzen brauchen Leitersprossen, an denen sie sich mit ihren Reben festhalten können, um in die Höhe zu wachsen. Erst dann können sie ihre ganze Pracht entfalten.

Anders ist es bei der bereits erwähnten Jungfernrebe, die zuweilen ganze Häuser überwächst. Diese Rebe hat zwar ebenfalls die typischen Halteorgane. An diesen sich windenden Drähten jedoch sitzen zusätzlich winzige Haftscheiben, mit denen sie sich selbst an glattem Gemäuer festsaugen kann. Drei bis vier Stockwerke erklimmt dieser talentierteste Fassadenkletterer spielend.

Noch höher, bis zu dreißig Metern, bringt es der Efeu. Er hat nämlich an der ganzen Länge seiner Triebe kleine Würzelchen, mit denen er sich im Gemäuer festhält. Man spricht deshalb auch von einem Wurzelkletterer. Riesige Burgen sind von drei oder vier Efeupflanzen im Lauf der Jahrhunderte schon mit einem grünen Verputz versehen worden. Es war einmal ein großer König. So alt wie unsere Kindergeschichten ist auch das Märchen vom Efeu, der angeblich die Wände feucht werden läßt. Das Gegenteil ist der Fall. Er saugt jegliche Feuchtigkeit aus der Wand heraus.

Stellen wir uns nun einen an einem Seil kletternden Jungen vor. Beine und Füße sind um das Seil gewunden. In ähnlicher Weise wachsen einige von unseren Tapetenblumen, die man deshalb auch als WINDENPFLANZEN bezeichnet. Vor allem macht es die Glyzine alias Wisteria so. Bei älteren Pflanzen mit armdicken Stämmen sieht es außerordentlich malerisch aus, wenn sie dick und holzig wie mehrere Riesen-Korkenzieher ineinandergedreht sind. Eine Dachrinne zerquetscht die Glyzine mit ihren sich windenden Zweigen erbarmungslos. Bei der Osterluzei, die ihre suppentellergroßen Blätter dachziegelartig übereinanderlegt, ist es ebenso. Desgleichen bei dem Polygonum aubertii, der seiner gewaltigen Wuchskraft wegen als Klettermaxe verschrien ist. Spielend bringt er es bereits im ersten Jahr auf fünf bis sechs Meter. Man kann fast von einem Wüterich sprechen, vor dem man sich in acht nehmen muß.

Bei unserem nächsten Beispiel erklettert der Junge eine schräge Wand. Mit auseinandergespreizten Beinen und Armen tastet er sich vorsichtig nach oben. Und so sprechen wir von SPREIZKLIMMERN, wenn Pflanzen sich nicht von selbst in die Höhe winden oder wie anständige Sträucher gerade und aufrecht halten können. Ein typisches Beispiel dafür ist der im Winter gelb blühende Jasmin. Man muß die peitschenlangen Ruten dieses Strauches stets anbinden oder über eine Mauer herabhängen lassen. Am bekanntesten von allen Spreizklimmern ist die Kletterrose. Sie kann sich günstigstenfalls mit ihren Stacheln in der borkigen Rinde oder an den Zweigen anderer Pflanzen festhaken. Über einen Holzstoß vermag sie sich hinwegzuspreizen. An der Spalierwand jedoch muß sie der Gärtner hochziehen und festbinden.

Beim Vergleich mit einem spielenden Jungen haben wir drei Pflanzengruppen kennengelernt. Einmal die Leiterkletterer mit Reben, die als Halteorgane dienen. Dann die Seilkletterer (Windenpflanzen) mit schraubenförmig gedrehtem Wuchs. Schließlich die Spreizklimmer, die sich nicht selbst aufrecht halten können und sich aufstützen müssen, wenn wir sie nicht festbinden.

Eine Sonderrolle spielt der Efeu. Wie ein Tausendfüßler hat er entlang seinen Trieben unzählige Würzelchen, mit denen er sich im Gemäuer festhält. Eine weitere Sonderrolle fällt der Jungfernrebe zu. Sie hat an ihren Halteorganen noch zusätzliche Haftscheiben, um sich selbst an glatten Wänden festhalten zu können.

Die Queen Elizabeth-Rose blüht den ganzen Sommer über; sie wird am schönsten, wenn man nicht viel an ihr herumschneidet, so daß sie sich frei entfalten kann.

Schneeglöckchen, Schneeheide, Krokusse und dazu das goldgelbe Adonisröschen: Vorfrühling aus dem vollen.

Blühende Narzissen und weiße Gänsekresse: Bald ist es Mai.

Sie sind kühlen Waldschatten gewohnt

Bei Kletterern, die an Hauswänden oder Mauern hochwachsen sollen, ist eine gute Vorbereitung der Pflanzstelle unbedingt erforderlich. Vor allem bei Neubauten sind stets Steine und Mörtelbrocken aus dem Boden herauszuholen, der am Haus zudem oft schlecht, tonig und hart ist. Es ist schon gut, dem Pflanzloch die allseitigen Abmessungen von einem halben Meter zu geben. Je größer und tiefer die Grube ist, um so besser. Und dann wird mit dem Schubkarren gute, lockere, schwarze Erde angefahren, mit Torf vermengt und in das Pflanzloch geschüttet, angedrückt und leicht aufgehügelt, weil sich der Boden noch setzt.

Klettergehölze wachsen nur dann gut weiter, wenn sie einen festen Wurzelballen haben. Man zieht sie deshalb in Töpfen oder Containern heran. Haben sich die Wurzeln schon weit aus dem Wasserabzugsloch herausgezwängt, soll man den Topf lieber in Stücke schlagen. Ballentücher – genau wie bei anderen Gehölzen – werden natürlich aufgeknotet.

Alle Kletterer kann man im Herbst pflanzen. Im Frühjahr ist eine Pflanzung freilich sicherer. Unsere großblumigen Waldrebensorten soll man grundsätzlich nur im Frühjahr pflanzen, denn sie sind nicht unempfindlich.

Mit der rechten Hand macht man das Pflanzloch und hält die Clematis mit ihrem Wurzelballen hinein. Es ist darauf zu achten, daß Kletterer nicht zu flach in den Boden kommen. Eher dürfen sie ein paar Zentimeter zu tief stehen.

Waldreben soll man ganz bewußt drei Finger breit tiefer setzen, als sie vorher gestanden haben. Wenn die Veredlungsstelle von Erde überdeckt ist, bildet das Edelreis im Lauf der Zeit selbst eigene, kräftige Wurzeln. Die gepflanzten und kräftig angedrückten Kletterer wässern wir tüchtig. Dann schneidet man die Triebe auf ein Drittel ihrer Länge zurück und bindet sie locker an den Draht oder das Spalier.

Allen Kletterern ist eine starke Bodenwärme zuwider. Sie stammen aus Wäldern, wo sie durch den Lichtmangel gezwungen wurden, an Bäumen und Felsen in die Höhe zu klettern. Doch ihre Wurzeln sind den kühlen, beschatteten Waldboden gewohnt. Bei sonnigen Standorten ist es richtig, die Pflanzfläche von anderen Gewächsen, beispielsweise von silberhaarigen Stauden wie dem Ziest und der Artemisia, von Schleierkräutern oder auch von kriechenden Gehölzen, überwachsen zu lassen. Am besten setzt man jedoch die Kletterer an die Schattenseiten der Häuser und zieht ihre Triebe dann um die Ecke herum ins volle Licht.

Von unseren Leiterkletterern überlassen wir nun die Jungfernrebe und

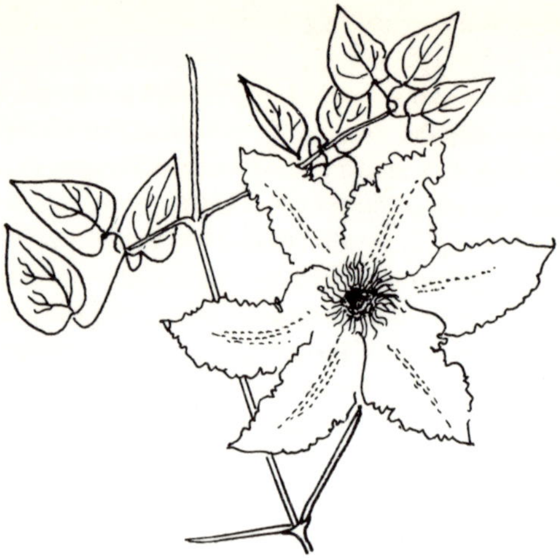

den Efeu sich selber, mit ihnen haben wir kaum mehr etwas zu tun, sie werden allmählich die Mauer mit ihrer Blättertapete überziehen. Lediglich die Waldrebe, die Clematis, erfordert etwas Aufmerksamkeit, wenn sie reichlich blühen soll.

Betrachten wir zunächst die im Mai blühende Bergwaldrebe, Clematis montana rubens. Man sehe genau hin: Die Knospen sitzen an dünnen, verholzten Trieben, die im vorigen Jahr gewachsen sind. Deswegen blüht diese Waldrebe ja auch so frühzeitig. Ebenso die berühmte, dunkelblaue Waldrebe mit sechs Blütenblättern, die den Namen ›Lasurstern‹ trägt. Auch bei dieser Sorte befinden sich die Blütenknospen am alten Holz. Und wer in seinem Steingarten die Alpenwaldrebe hat, wird bei ihr dieselbe Beobachtung machen. Diese drei Arten also – Clematis montana, Clematis ›Lasurstern‹ und Clematis alpina – schneidet man grundsätzlich *nach* der Blüte zurück. Dann haben die Pflanzen den ganzen Sommer über Zeit, lange Neutriebe mit vielen Knospen zu bilden.

Alle anderen Waldreben, vor allem die bekannten Clematis jackmannii-Hybriden, blühen an Trieben, die erst im Frühjahr zu wachsen anfangen. Bei ihnen erfolgt ein Rückschnitt im März oder April, ehe dieser Trieb beginnt. Denn der Flor ist um so reicher, je stärker im Frühjahr der Austrieb erfolgt. Man kann auch, um alte Pflanzen zu verjüngen, bis ins mehrjährige Holz zurückschneiden.

Von unseren Seilkletterern macht die Glyzine den meisten Kummer. Er

rührt vielfach daher, daß man irgendwelche Sämlinge gekauft hat. Man soll aber nur veredelte Wisterien pflanzen, oder es muß sich um bewurzelte Absenker von Mutterpflanzen handeln, die ihre Blühfähigkeit unter Beweis gestellt haben. Der Wurzelraum dieser Kletterer soll besonders tiefgründig und die Erde humusreich sowie frei von Kalk sein. Nach der Pflanzung werden die Triebe kurzgeschnitten, nur bleistiftlange Zapfen bleiben übrig. Die Zapfen bekommen eine Umhüllung aus grünem Moos, das mit Bastfäden festgehalten wird. Dieser Schutz ist nicht unbedingt erforderlich, jedoch ist immer wieder zu beobachten, daß die Augen unter dem grünen Moos viel leichter austreiben. Etwa fünf Jahre dauert es, ehe diese Wisterie zu blühen beginnt. Um sie dann alljährlich wieder zu reichem Flor zu bringen, schneidet man im August die neugebildeten Langtriebe auf ein Drittel ihrer Länge – oder gar noch kürzer – zurück, zweitens sorgt man dafür, daß die Pflanzen zur Triebzeit im April und im Mai feucht genug stehen.
Übrigens läßt sich die Wisterie durch richtige Schnittmaßnahmen zu einem sich selbst tragenden, aufrechten Strauch heranziehen.
In diesem Rahmen ist nur möglich, auf die wesentlichsten Merkmale der Kletterer und die bekanntesten Arten einzugehen. Es sei jedoch vermerkt, daß es noch viele Möglichkeiten gibt, mit Pflanzen Wände grün überwachsen zu lassen. Vor allem unter den Einjahrsblumen gibt es etliche Arten, mit denen sich binnen weniger Wochen etwa um einen Balkon grüne Gardinen ziehen lassen (s. Sommerblumen). Manche Kletterer haben ein ausgesprochenes Doppeltalent. Zu ihnen gehört der Efeu. Dieses Gehölz spinnt die wunderbarsten dauergrünen Tapeten, und es kann außerdem sehr strapazierfähige Teppiche für den Garten knüpfen. Es gibt Wälder, die ganz mit Efeu ausgelegt sind. Das Wachstum geht anfangs langsam vor sich, gewiß, man darf nicht zu wenig Efeu je Quadratmeter pflanzen. Dafür aber hat man immer seine Ruhe, es gibt kein Unkraut mehr, und auch der Rasenmäher ist nicht erforderlich. Zumindest für schattige Partien im Garten wäre eine derartige Efeubodenbepflanzung zu empfehlen. Wo jedoch der Efeu – und dasselbe gilt für die übrigen Kletterer – eine Gelegenheit findet, da stürmt er nach oben. Diese Pflanzen sind wie Buben, die keine Gelegenheit zum Klettern ungenutzt lassen: keine Leiter, kein Seil, keine Wand.
Andererseits gibt es Sträucher, die sich als grüner, blühender und beerentragender Mauerputz verwenden lassen, ohne eigentlich Kletterer zu sein. Zu ihnen gehört der Feuerdorn mit seinen leuchtenden Beeren im Herbst, desgleichen eine bestimmte Zwergmispelart, der Cotoneaster horizontalis.

Rasend schöner Rasen

Der Rasen ist etwas so unnatürliches wie ein getrimmter und frisierter Pudel, der auf zwei Beinen läuft. Eine alleinige Ansammlung von Gräsern kommt in der Natur nicht vor. Wenn wir nun diesen grünen Teppich haben wollen, dann muß von Anfang an bedachtsam vorgegangen werden. Stellen wir uns zwei derart bedachtsame Männer vor, und sehen wir in Gedanken zu, wie sie einen Rasen anlegen.

Hecken, Bäume, Blütensträucher, Immergrüne und kletternde Gehölze sind in dem neuen Garten bereits gepflanzt worden. Die für den Rasen vorgesehene Fläche in Nähe des Hauses liegt noch hügelig und wellig da. Sie soll ganz eben werden. Die beiden Männer sind am Werk, es ist Herbst. An den Ecken der Fläche, an den vier Rändern in Abständen von drei Metern, in der Mitte und in den Diagonalen schlagen sie Pflöcke ein, die jeweils etwa fünfzig Zentimeter lang sind. Dann nimmt einer der Männer ein mehr als drei Meter langes Brett oder eine entsprechende Latte. Er guckt von einem Ende der Latte aus über deren Länge hinweg und überzeugt sich, daß sie nicht schief und verzogen ist.

Nun legt er die Latte auf einen der vier Eckpflöcke, es sollte ein besonders fest geschlagener, vielleicht auch etwas stärkerer Pflock sein. Der zweite Mann hält mit der Linken zugleich die Latte und eine Wasserwaage. Er stellt fest, daß der zweite Pflock noch tiefer geschlagen werden muß. Er hält die Latte beiseite und schlägt den Pflock mit dem Fäustel tiefer ein. Wenn mit Hilfe der Latte und der Wasserwaage festgestellt worden ist, daß sich dieser zweite Pflock in der richtigen Höhe befindet, dann geht es so weiter, bis alle eingeschlagenen Pflöcke in derselben Höhe stehen.

Nunmehr wird an dem ersten Pflock, von dem alle Messungen ausgingen, die gewünschte Höhe des zukünftigen Rasens markiert. Wir wollen annehmen, daß sich diese Höhe zwanzig Zentimeter unterhalb des Kopfes dieses Pflockes befindet. Also wird zwanzig Zentimeter unterhalb der Köpfe aller übrigen Pflöcke ebenfalls eine Markierung, am besten mit einem ringsherumgezogenen Farbstrich, angebracht. So haben die beiden Männer sichere Anhaltspunkte dafür, wo beim nun folgenden Umgraben des Bodens noch Erde hingeworfen und wo Erde weggenommen werden muß.

Das Graben ist in vieler Hinsicht wichtig. Wir sehen deutlich, wie sich die Männer beinahe bei jedem Spatenstich bücken. Jedes kleinste Stückchen Quecke, alle langen Wurzelfäden des Giersch und sonstiger Unkräuter werden aus dem Boden herausgelesen und in einen Korb geworfen. Ebenfalls achten die Männer auf Steine, die sie in einen Eimer werfen. Hier und da werden Mulden, die durch die Markierungen der Pflöcke gut zu erkennen sind, ausgeglichen. Nicht aber, daß die Männer alles fein sorgfältig planieren. Es genügt, den Bedarf an zusätzlicher Erde mit dem Augenmaß festzustellen und ein paar grobe Schollen hinzuzuwerfen. Wenn alles umgegraben und einigermaßen geebnet ist, machen die Männer ihre Spaten sauber, wischen sie mit einem öligen Lappen ab, bald fällt Schnee, der Winter kommt.

Mittlerweile blühen die Kätzchen, es ist wieder März geworden, und die beiden Männer machen sich abermals an die Arbeit. Erst einmal stellen sie fest, daß an manchen Stellen der Boden etwas eingesunken ist. Sie fahren also ein paar Schubkarren mit Erde heran. Die Erde wird zum Ausgleich in die Mulden eingefüllt. Nun sind auch die Pflöcke nicht mehr erforderlich, sie kommen weg. Dann holt man mit dem Schubkarren zwei Ballen Torf. Die Fläche ist 100 Quadratmeter groß, und da sind – der Boden ist nämlich nicht schlecht – zwei Ballen gerade richtig. Der Torf wird zerschlagen und bei dieser Gelegenheit ständig überbraust. Trockener Torf würde dem Saatbeet die Feuchtigkeit entziehen. Den zerkrümelten und durchfeuchteten Torf verteilen die Männer gleichmäßig über die noch roh daliegende Fläche, nehmen einen Dreizink, einen Kreil, und durchgrubbern das Land. Es gibt für diesen Zweck auch einen Kultivator, dessen Zähne sich in unterschiedlichen Breiten einstellen lassen. Manchmal müssen die Erdschollen zerschlagen werden, doch meistens zerfallen sie unter den Zähnen des Kreils. Bei dieser Tätigkeit vermischt sich der feuchte Torf mit dem Boden. Schließlich liegt die Fläche, etwas grobkrümelig noch, eben und vertrauenerweckend da. Ein paar Wochen sind vergangen, die Hyazinthen erblühen. Auf der künftigen Rasenfläche ist Unkraut aufgewachsen, stellenweise ist der Boden übergrünt. Unsere beiden Männer gehen nun mit scharfen Hacken daher und machen dem Unkraut den Garaus. Es sind breite Hacken mit geschärften Schneiden, die sie mehr oder weniger nur durch das Land durchziehen. Auf diese Weise schneiden sie die Unkräuter von ihren Wurzeln ab. Das allmählich verwelkende Grün kann auf dem Land liegenbleiben. Selbstverständlich wird gehackt, bevor die Unkräuter die ersten Samen angesetzt haben.

Jetzt blühen bereits die Tulpen. Wiederum sind ein paar Wochen vergangen. Und siehe da, auf dem künftigen Rasenstück ist abermals Un-

kraut gewachsen. Nur daß es sich diesmal um spätkeimende Arten handelt, die eine entsprechend längere Entwicklungszeit brauchen. Und wieder hacken die beiden Männer das Unkraut aus. Nachdem also die Gewißheit bestehen dürfte, daß sich kein Unkrautsamen mehr im Boden befindet, kann mit der Aussaat des Rasens begonnen werden.
Zunächst ist das verwelkende und bereits verwelkte Unkraut wegzuharken. Dann ziehen die beiden Männer mit möglichst breiten Rechen das Land ganz glatt. Dies erfolgt einmal hierhin und einmal dorthin, also über Kreuz. Bei dieser Tätigkeit zerfallen die bislang groben Bodenkrümel. Mit der langen Latte wird nochmals probiert, ob sich irgendwo Dellen befinden. Man braucht die Latte nur auf den geharkten Boden zu legen, dann sieht man das ganz genau.
An den vier Seiten der quadratischen Fläche werden nun in Meterabständen Markierungen in den Boden gemacht. Die Männer rollen die Beetschnur auseinander. Mit Holzpflöcken oder mit den Händen drücken sie die über das künftige Rasenstück gezogene Schnur an den sich gegenüberliegenden Markierungen in den Boden. Die ruckartig von beiden Seiten hin und her gezogene Schnur gräbt eine klar erkennbare Linie in das geharkte Land. Auf diese Weise entsteht ein Gitternetz, bei dem jedes Viereck die Größe eines Quadratmeters hat.
Grundsätzlich soll der Rasen aus verschiedenen Gräserarten bestehen. Wenn eine dieser Gräserarten von einer Krankheit befallen wird, besteht immerhin Aussicht, daß die übrigen Arten gesund bleiben. Unter den verschiedenen Gräserarten gibt es zwei Extreme. Einmal das deutsche Weidelgras oder Lolium perenne, es keimt innerhalb einer Woche, macht eine Fläche sehr schnell grün und verhindert auf diese Weise das Aufkommen von Unkraut. Diesem Vorteil stehen Nachteile gegenüber. Erstens wächst das deutsche Weidelgras so schnell, daß man es zumindest in jeder Woche einmal mähen muß. Zweitens läßt sich mit diesem Gras niemals ein wirklich weicher, teppichartiger Rasen erzielen, es eignet sich eher für Sportplätze.
Ganz anders ist das Blauschwingelgras. Es keimt allenfalls nach vierzehn Tagen allmählich und braucht Monate, um die Aussaatfläche einigermaßen dicht zu bewachsen. Man hat während dieser Zeit ständig zu tun, um aufkommende Unkräuter zu entfernen, falls man es bei der Herrichtung des Saatbeetes an ausreichender Sorgfalt hat mangeln lassen. Diesen Nachteilen steht der Vorteil gegenüber, daß ein vorwiegend aus Blauschwingelgräsern bestehender Rasen nur alle vierzehn Tage gemäht zu werden braucht, und außerdem ist er außerordentlich fein. Am weitesten kommt man mit einer guten Gräsermischung, wie sie für die verschieden-

sten Böden und Verwendungszwecke in den Fachgeschäften und Gartencentern angeboten wird.

Die beiden Männer haben nun die für sie passende Rasensamenmischung gekauft. Entsprechend der Aussaatempfehlung für diese Mischung messen sie auf einer Briefwaage 30 Gramm ab. Unser Gärtnersmann stellt fest, daß er diese 30 Gramm gerade mit einer Hand greifen kann. Und nun streut er in gebückter Haltung gleichmäßig über jedem Quadratmeterfeld eine Handvoll Samen aus. Niemals würde er das als Laie so gleichmäßig fertigbekommen, wäre nicht das Gitternetz gezogen worden. Noch besser geht es selbstverständlich mit einem Saatwagen. Nur lohnt es für eine derart kleine Fläche nicht, dieses relativ teuere Gerät zu kaufen. In manchen Gartencentern werden Saatwagen jedoch gegen eine geringe Gebühr ausgeliehen.

Das gleichmäßig ausgestreute Saatgut ist nunmehr einzuhäckeln. Auf kleineren Flächen geht dies mit dem eisernen Rechen ganz gut. So dicht als möglich häckelt man einen Zahnstrich des breiten Rechens hinter den anderen. Einfacher geht es mit dem Rasenigel. Das sind ringsum mit Nägeln bestückte Holzwalzen. Auch diese Geräte gibt es gelegentlich gegen eine geringe Gebühr leihweise.

Schließlich wird über das Saatbeet eine Walze gezogen, die man vorher mit Wasser gefüllt hat, damit sie recht schwer ist. Oder man nimmt halbmeterlange Bretter. Diese Bretter binden sich die Männer unter ihre Stiefel. Man kann auch Stricke befestigen und die Bretter beim Gehen mit den Händen gegen die Stiefelsohlen ziehen. Und so tritt man die ganze Fläche Schritt neben Schritt fest.

Nunmehr zeigt blühender Flieder, daß wiederum vierzehn Tage vergangen sind. Auf der Saatfläche ist ein zarter, grüner Flaum zu sehen. Es regnet, und das ist gut. Sobald aber auch nur zwei Stunden die Sonne geschienen hat, muß man den Rasensprenger holen und die ganze Fläche sanft überregnen. Würde die keimende Saat jetzt austrocknen, wäre sie dahin.

Die blühenden Rosen lassen erkennen, daß nochmals vierzehn Tage ins Land gegangen sind. Die jungen Grashalme haben die Länge von Bleistiften, und die Spitzen biegen sich schon etwas um. Der erste Schnitt wird erforderlich. In früheren Zeiten mußte ein derart junger Rasen zum ersten Mal mit der Sense geschnitten werden. Nur ist der Umgang mit der Sense außerordentlich schwer, und nicht immer findet man einen Landmann, der die Arbeit übernimmt. Inzwischen ist dieser Sensenschnitt nicht mehr erforderlich. Es gibt Handrasenmäher und Motormäher, die ebenso scharf schneiden. Zwei verschiedene Typen von Mähern werden ange-

boten: einmal der sogenannte Walzen- oder Spindelmäher, der nach dem Prinzip der Schere schneidet. Rechts und links der Spindel befindet sich je eine Schraube, die verstellbar ist. Man muß beide Schrauben gleichzeitig verstellen, will man die höchstmögliche Schnittschärfe erzielen. Wenn die Spindel ganz leicht gegen das Widermesser schleift, daß man es gerade hören kann, ist der Mäher richtig eingestellt. Ein Stück Zeitungspapier soll glatt durchschnitten werden. Das allerdings, es sei zugegeben, erreicht man selten. Diese Mäher gibt es für den Handbetrieb ebenso wie als Motormäher. Ganz anders arbeitet der Sichelmäher, der ausschließlich mit Motorkraft getrieben werden kann. In der entsprechend eingestellten Höhe über dem Erdboden dreht sich bei dem Sichelmäher der Mähbalken in rasender Geschwindigkeit. Dabei fetzt er die Grasspitzen eher ab, als daß er sie schneidet. Bei starken Vergrößerungen sieht man genau, daß die Schnittränder des Grases fransig sind. Dagegen schneidet der Spindelmäher beinahe messerglatt. Es ist zu empfehlen, einen Mäher mit Rasenfangkorb zu kaufen. Vor allem für die junge Saat bedeutet das Abfegen mit dem Stahlbesen eine Tortur.
Der neuangelegte Rasen wird fleißig gewässert und zumindest alle Woche einmal geschnitten. Wenn die Sonnenblumen im September blühen, hat sich schon eine recht feste Matte gebildet. Kinder können auf dem grünen Teppich bereits spielen, es macht dem Rasen auch nichts aus, wenn Erwachsene auf ihm herumgehen. Fallen die Blätter von den Bäumen, erfolgt der letzte Rasenschnitt. Das Gras soll noch die Möglichkeit haben, geschlossene Spitzen wachsen zu lassen, ehe der Schnee fällt. Die Mähmaschine wird saubergemacht, eingeölt und in den Schuppen gefahren. Sorgfältig sind die von den Bäumen gewehten Blätter vom Rasen wegzufegen, denn sie könnten dazu führen, daß sich gelbe Flecken bilden.

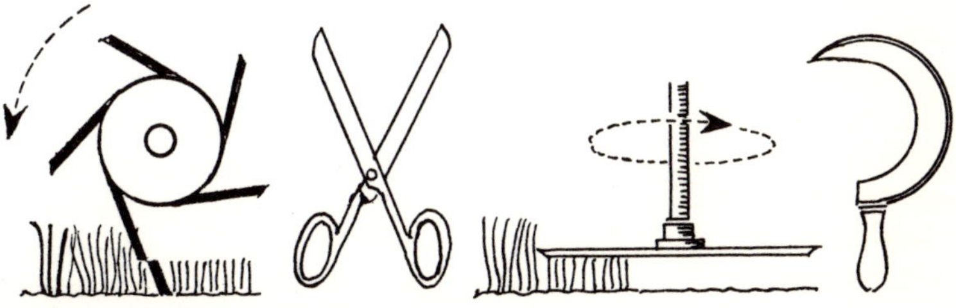

Rosen, Rosen, Rosen

Die Rose ist nach wie vor die begehrteste aller Blumen. Zusammen mit Apfelbaum, Birne, Kirsche, Pflaume, Erdbeere, Pfirsich und Aprikose gehört sie einer segensreichen Pflanzenfamilie an. Ähnliche Bedeutung für uns haben nur noch die Gräser, von denen das Vieh satt wird, und die uns das Brot liefern.

Dem Rosenstrauch ist von der Natur die Gabe zuteil geworden, viele duftende Blütenblätter wachsen zu lassen. Am berühmtesten wurde die hundertblättrige Rose, die Zentifolie. Diesen prächtigen Strauch mit seinen duftenden, gefüllten Blüten, der noch heute in Gärten angepflanzt wird, gab es bereits vor dreitausend Jahren. Das bewußte Heranzüchten neuer Rosen aber ist erst 200 Jahre alt. Wenn man es genau betrachtet, so ist die Fülle und Schönheit der alten Rosenblüten keineswegs übertroffen worden. Auch der beim Züchten verlorengegangene Rosenduft wird erst allmählich wieder zurückgewonnen.

Erreicht haben die Züchter dagegen eine Vielfalt der Farben, vom reinen Weiß über Gelb, Rosarot bis zu einem Blau, das an Lavendel erinnert. Eine der bekanntesten Rosen in dieser Färbung ist die duftende Sorte ›Mainzer Fastnacht‹. Es gibt sogar Rosen mit grünlichen Blüten, beispielsweise die von der Natur selbst hervorgebrachte Rosa viridiflora. Erreicht wurde desgleichen eine Vielfalt der Blütengrößen und Blütenformen. Es gibt Rosenblüten so klein wie Daumennägel, etwa die Sorte ›Baby Maskerade‹. Andere, wie die ›Gloria Dei‹, kann man kaum mit beiden Händen umfassen. Der größte Erfolg ist indessen in dem sommerlang andauernden Flor zu sehen. Von Mitte Mai bis Mitte November blühende Rosen im Garten zu haben ist keine Kunst mehr.

Was kann man nicht alles mit Rosen machen! Eine Hecke aus Wildrosen ist für Diebe und Hunde schier undurchdringlich. In Amerika pflanzt man die Rosa multiflora neben die Autostraßen. Von der Straße abkommende Fahrzeuge fangen die Büsche wie Netze auf, nur im Lack gibt es Kratzer. Wir kennen drei Meter hohe und ebenso breite, frostharte Rosensträucher, die unentwegt von Juni bis Oktober ihre großen, gefüllten Blüten hervorbringen; nur duften sie – noch – nicht. Kletterrosen schlingen sich nicht nur an Zäunen entlang und an Häusern empor, man kann sie auch als Einzelbüsche ohne Klettergerüst in den Garten pflanzen, sie wachsen dort zu mächtigen, weit nach allen Seiten überhängenden Büschen heran. Es gibt Kletterrosen, die auf hohe Stämme veredelt sind und nach allen Seiten elegant herabfallen. Man hat sie mit dem merkwürdigen Namen Trauerrosen bedacht. Bei anderen Rosen ist ein einzelner Stiel bereits ein ganzer Blumenstrauß. Nach wie vor begehrt sind große Edelrosen, die einzeln und ausdrucksvoll am Ende des langen Stieles erscheinen. Schließlich haben wir noch Zwergrosen für Balkonkästen und Blumentöpfe, und wem es Spaß macht, der kauft sich eine Samenportion der Rosa chinensis ›Engelröschen‹ und sät sie aus, sie werden nach drei Monaten blühen.

Tiefer Boden und helles Licht

Es gibt eigentlich nur zwei unabänderliche Voraussetzungen für das gute Gedeihen von Rosen. An erster Stelle steht die Forderung nach einem tiefgründigen Boden. Wer Kraft und Geduld genug hat, eine fünf Jahre an demselben Platz stehende Rosa multiflora auszugraben, wird über die Länge der Wurzeln erstaunt sein; manche wachsen gar zwei Meter tief in den Boden hinein. Selbst bei neugekauften Jungpflanzen ist man immer wieder erstaunt, wie lang die Wurzeln sind. Alle Rosen sind nämlich auf Wildrosen veredelt, meist auf der heimischen Hundsrose. Diese Hundsrose wächst auf Bahndämmen, am Rand von Kieshalden und an sonstigen trockenen Stellen. Die Trockenheit macht ihr nichts aus, denn sie ist es ja gewohnt, mit den Wurzeln in die feuchte Tiefe hinabzuwachsen. Das aber wollen Rosen auch im Garten. Wo sich also an einem Berghang nur zwanzig Zentimeter Erde über dem Gestein befindet, kann man keine Rosen pflanzen. Vielfach auch ist vorher beim Hausbau ein Baufahrzeug mit Raupenketten umhergefahren und der Boden in der Tiefe steinhart zusammengepreßt worden, sodaß kein Wasser versickert und keine Wurzel hindurchkommt. Da hilft nur der Landschaftsgärtner mit einem Tiefenpflug. Im kleinen Garten bleibt nichts anderes übrig, als den Boden zu rigolen; also ein Umgraben des Bodens in der Tiefe von drei Spatenstichen.

Gewiß ist das Rigolen eine mühselige Arbeit, aber sie lohnt sich. Am besten steckt man eine Grabenbreite von 60 Zentimetern ab, hebt die oberste Schicht in Spatenstichtiefe ab und lagert sie gesondert. Denn das ist Muttererde, sie darf nicht nach unten in die Bodentiefe kommen.

Alsdann wird der zweite Stich, ebenfalls wieder in Spatenstichtiefe, herausgegraben und beiseite gelegt. Nun ist man bereits in der Tiefe von einem halben Meter. Die unterste Bodenschicht wird schließlich nur noch gegraben, nicht herausgeworfen. Die Lockerung erfolgt also bis über 70 Zentimeter tief. Ist dies geschehen, wird der nächste Graben wiederum 60 Zentimeter breit markiert, die oberste Mutterbodenschicht abermals abgehoben und seitlich auf einen Haufen gesetzt. Und nun kommt die mittlere Bodenschicht des zweiten Grabens auf die gelockerte Unterschicht des ersten Grabens. Nachdem der nächstfolgende 60 Zentimeter breite Graben abgesteckt ist, wirft man die Mutterbodenschicht oben auf die im ersten Graben liegende, dem zweiten Graben entnommene Mittelschicht. Die zweite Bodenschicht des drittens Grabens kommt auf den gelockerten Untergrund des zweiten Grabens. Und so geht es fort, bis das Stück fertig ist. Schließlich wird mit dem Schubkarren in den letzten Graben die Erde hineingekarrt, die am Anfang des Pflanzbeetes herausgenommen worden ist.

Das schwierige Rigolen ist wirklich nur in Ausnahmefällen nötig. Meistens genügt, auch bei neuanzulegenden Gärten, das sogenannte Holländern. Der Vorgang entspricht dem Rigolen, nur daß hierbei lediglich zwei Spatenstiche tief gegraben wird.

Im normalen Garten ist nur das einfache, tiefe Umgraben erforderlich, um Rosen pflanzen zu können. Vielfach wird geraten, Torf unterzugraben. Aber das kostet Geld und nutzt wenig. Eine Verschwendung wäre es gleichfalls, guten Kompost auf diese Weise zu beerdigen, denn er kommt in der Bodentiefe nicht zur Wirkung. Ein Gemisch aus langsam und lange wirkenden Handelsdüngern kann indessen vorteilhaft sein.

Wichtigster Grund des Umgrabens, des Holländerns oder des Rigolens ist die für Rosen unentbehrliche Bodentiefe, in die ihre Wurzeln hineinwachsen.

Zweite Grundvoraussetzung für ein Gedeihen von Rosen ist das Licht. Der Rosenstrauch muß nicht unbedingt den ganzen Tag in der Sonne stehen, aber er muß es hell haben. Wo in unmittelbarer Nähe zu dichte Büsche stehen, da wächst eine Rose besenartig nach oben, sie breitet sich nicht zu einem harmonisch geformten Busch aus. Wo eine Rose zu sehr im Schatten steht, blüht sie nur spärlich. Allenfalls kann man Kletterrosen pflanzen, die mit ihren langen Zweigen in der Lage sind, dem Licht und der Sonne entgegenzuwachsen.

Das Licht ist deshalb so wichtig, weil eine Rose nur aus dem vollen Wachstum heraus blühen kann. Bei der Azalee, der Forsythie und dem Mandelbäumchen sind die Blütenknospen im Herbst bereits fertig. Diese und andere Sträucher kann man deshalb auch im dunklen Winter zum Blühen bringen, wenn man sie etwas warm stellt. Mit der Rose geht das nicht. Dieser Strauch gehört zu denjenigen Gehölzen, von denen die Gärtner sagen: Sie blühen am jungen Holz. Aus den im Vorjahr gebildeten, in den Blattachseln sitzenden Augen muß im Frühjahr erst der neue Trieb herauswachsen, bis er in entsprechender Höhe seine Knospen bildet. Eine Pflanze kann aber nur wachsen, wenn sie genügend Licht zur Verfügung hat.

Wir suchen für die Rosen also einen Platz aus, der so hell wie möglich ist und nicht von Bäumen oder größeren Sträuchern beengt wird. Wird außerdem der Wind nicht durch Hecken oder Mauern ausgesperrt, um so besser.

Spieglein, Spieglein an der Wand . . .

Rosen kann man in einer Baumschule bestellen. Es gibt aber auch Spezialbetriebe, die sich nur mit der Anzucht von Rosenpflanzen befassen. Am besten schreibt man rechtzeitig eine Postkarte und bittet um einen Katalog. In Ruhe lassen sich dann die gut beschriebenen und vielfach auch abgebildeten Rosen aussuchen. In den Beschreibungen steckt oft insofern ein bestimmter Fehler, als die Wuchshöhen der einzelnen Sorten zu gering angegeben sind. So heißt es bei der Sorte ›The Queen Elizabeth Rose‹, daß sie 80 Zentimeter hoch wird. In Wahrheit treibt sie bereits im ersten Jahr zumindest 1,20 Meter hoch. Die zu geringen Höhenangaben in den Katalogen haben ihre verständlichen Gründe. Erstens möchte man recht viele Pflanzen verkaufen, und je niedriger sie bleiben, desto mehr gehen auf ein Beet. Zweitens sind die meisten Rosen für öffentliche Anlagen bestimmt, wo sie ihre natürlichen Höhen nie erreichen, da man sie in jedem Frühjahr ganz kurz herunterschneidet. Das aber soll man in einem Garten nicht machen, im Gegenteil.

Es gibt auch Rosen in modernen Gartencentern und Fachgeschäften zu kaufen. Meist befinden sich die Pflanzen in einem Einschlag aus Torf. Daneben wird dann auf einem Farbfoto die jeweilige Sorte vorgestellt.

Vorsicht ist beim Rosenkauf in Warenhäusern geboten. Die Pflanzen stecken fast immer in Beuteln aus Kunststoff. Dagegen ist nichts zu sagen. Nur ist es in den Warenhäusern stets zu warm. Es kann also leicht passieren, daß die in einem Kunststoffbeutel steckende Rosenpflanze bereits in der Meinung, es sei Frühling, ausgetrieben hat. Diese Neutriebe gehen

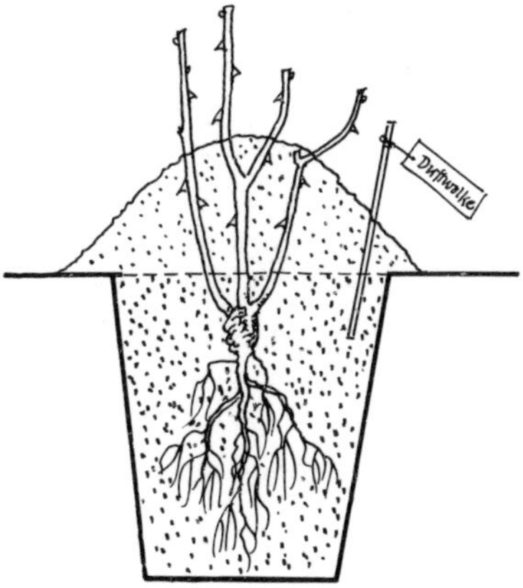

dann unweigerlich kaputt, vor allem im Herbst. Nicht selten geht auch die ganze Pflanze ein.

Wenn die Rosen in einem Paket aus der Baumschule gekommen oder aus dem Gartencenter mitgebracht worden sind, hat man zunächst die Verschnürungen zu lösen, damit frische Luft an die Pflanzen kommt. Am besten pflanzt man sie sofort nach einigen Vorbereitungen.

Zuerst füllt man einen entsprechend großen Bottich mit Wasser und legt die Rosen, nach Sorten locker zusammengebündelt, hinein. Mindestens sechs Stunden sollen sich die Wurzeln vollsaugen können.

Daraufhin wird der kleine Rosenstrauch zum Pflanzen vorbereitet. Das Erstaunen über die langen Wurzeln ist immer wieder groß.

Sie sind viel länger, als die Mutterbodenschicht dick ist. Also würden die feinen Wurzelverzweigungen in Erdschichten kommen, in denen sich möglicherweise keine Nährstoffe befinden. Außerdem wissen wir, daß jeder Schnitt durch die Wurzeln die Bildung einer Vielzahl von Faserwurzeln anregt. Daher schneidet man die Wurzeln mit der scharfen Rosenschere um die Hälfte zurück. Am oberen Ende der Wurzeln, dem Wurzelhals, befindet sich eine knubbelige Stelle. Dort hat man dem Wildling das Edelauge eingesetzt, aus dem inzwischen fünf, sechs oder mehr grüne Triebe nach oben gewachsen sind. Von diesen Trieben schneidet man mit der spitzen Rosenschere alles weg, was zu dünn ist. So dick wie ein Bleistift sollen die Triebe zumindest sein, selbst bei einer ganz schwachwüchsigen Sorte. Es genügt vollkommen, wenn drei bis fünf starke Triebe verbleiben. Es können natürlich – wenn vorhanden – auch mehr sein.

Fast immer sitzen ganz unten, gleich über der Veredlungsstelle, die Namensschilder. Pflanzt man die Rosen mit diesen Schildern ein, so findet man die Etiketten später nicht mehr wieder. Sind sie mit Draht befestigt, der allmählich von dem Rosenholz überwachsen wird, kann es sogar zu Schäden führen. Ärgerlich ist aber, wenn man später den Namen der Rose nicht mehr genau kennt. Man macht daher die Etiketten am besten ab, befestigt sie provisorisch an der äußersten Triebspitze und macht sie nach der Pflanzung an besonderen Stäben fest, die man neben den Rosen in die Erde steckt.

Das Pflanzen selbst ist eine einfache Geschichte. Am besten geht es, wenn viele Rosen in die Erde sollen, zu zweit. Wenn man allein ist, dann dauert es etwas länger.

Gut ist es, wenn man jetzt Kompost zur Verfügung hat, aber auch feuchter Torf genügt, weil dadurch die Bildung neuer Wurzeln enorm gefördert wird. Zunächst ist mit dem Spaten ein entsprechend tiefes Loch auszuheben. Man staunt immer wieder, wie tief man gehen muß, damit die knubbelige Veredlungsstelle später nicht aus der Erde herausguckt. Vier Finger tief muß diese Stelle unter der Erde versteckt sein. Dann bleibt nämlich immer ein Ersatz an Triebaugen, wenn der Frost über dem Erdboden einmal alles kaputtfrieren sollte. In dieser Tiefe wird die Rosenpflanze nun in das Loch hineingehalten. Gewaltsame Krümmungen von Wurzeln sind zu vermeiden, weil daraus später die ärgerlichen Wildschosse treiben. Ist die Pflanze in dem richtigen Stand, hält man sie mit der einen Hand fest und mit der anderen scharrt man Erde zusammen mit Torf und Kompost an die Wurzeln. Steht der junge Strauch einigermaßen, kann man beide Arme und Hände nehmen, das Loch bis oben anfüllen und schließlich die Rose mit beiden Fäusten und dem Gewicht des halb aufgerichteten Körpers festdrücken.

Berufsgärtner treten bei Massenpflanzungen die Rosenwurzeln mit den Füßen fest an. Man kann das bei Pflanzungen zu zweit ebenso machen, aber die Fäuste sind besser.

Durch das Festdrücken der Wurzeln entsteht eine recht tiefe Erdkuhle. In diese Kuhle wird aus dem Schlauch oder aus der Gießkanne Wasser gefüllt. Sobald das Wasser versickert ist, kommt der zweite Guß.

Und nun ist – ganz gleich ob im Herbst, im Winter oder im Frühjahr – mit der Hacke ein Erdhügel um die Rose zu ziehen. Sie bekommt gewissermaßen einen dicken Kragen umgelegt, nur mit den Triebenden guckt sie noch aus dem Boden. Geschnitten wird nichts. Es schadet allerdings auch nichts, wenn man ein paar Spitzen abschneidet, damit es ordentlicher aussieht. Im Herbst kann man in kalten Gegenden noch ein paar

Nadelholzzweige darüber breiten. Unbedingt nötig ist es aber keineswegs.

Auch bei Frühjahrspflanzung ist der Erdhügel mit der Hacke zu ziehen, die Rose wird angehäufelt, wie der Gärtner sagt. Das Abhäufeln – ganz gleich, ob bei Herbst- oder Frühjahrspflanzung – erfolgt dann an einem trüben, möglichst gar regnerischen Tag. Es haben sich nämlich schon Austriebe gebildet, die ganz weiß und weich sind. Sonne und Wind würden diese Triebe umbringen. Jetzt, also immer erst im Frühjahr, ist es soweit, die Rosen zu beschneiden.

Weniger Wurzeln, weniger Blätter

Beim Pflanzen haben wir die Wurzeln bis zur Hälfte eingekürzt. Die Rose geht also nur mit halber Kraft in ihr erstes Gartenjahr. Soviel Wasser und Nährstoffe können die paar Wurzeln gar nicht aufnehmen, damit alle Triebknospen und Blätter an den doch recht langen, stehengebliebenen Zweigen austreiben können.

Wer noch nichts mit Pflanzen zu tun gehabt hat, der sehe sich im Frühjahr einmal aufmerksam in der Natur um. Ob Himbeere, Weinstock oder Rose: alle Gehölze treiben zunächst und am stärksten aus denjenigen Augen aus, die am höchsten sitzen. Bei einem Rosentrieb vom letzten Jahr, der im Herbst unbeschnitten blieb, sieht man deutlich, wie die obersten Knospen am dicksten sind. In Erdnähe dagegen sind die Knospen fast nicht zu sehen, man spricht daher von schlafenden Augen. An diese Bevorzugung der obersten Augen muß man immer denken, wenn es im Frühjahr heißt, die Rosen zu beschneiden. Wir können uns angesichts unserer neugepflanzten Rose an fünf Fingern abzählen, daß es die reduzierten Wurzeln allenfalls fertigbringen, die obersten drei oder vier Triebknospen austreiben zu lassen. Die lange Rute hätte also schwer an den neuen Verzweigungen, an den Blättern und Blüten zu tragen. Möglicherweise würde sie gar vom Regen umgeknickt. Wir belassen daher dem einzelnen Trieb nur so viele Augen, wie vermutlich zum Austrieb gebracht werden. Bei einer Rose, deren Triebe nur Bleistiftstärke haben, dürften dies allenfalls zwei Augen sein. Eine kräftigere Pflanze mit fingerdicken Trieben macht schon einen zuversichtlicheren Eindruck, sie dürfte es je Trieb mit fünf oder sechs Augen aufnehmen.

Mit einer scharfen Schere wird der Trieb einen Zentimeter über dem Auge, möglichst ein wenig schräg, durchschnitten. Ein längerer Schnitt, also höher über dem Auge, würde einen häßlichen Stummel ergeben, der

sich allmählich schwarz verfärbt. Dagegen könnte ein Schnitt zu nahe an der Triebknospe zu einem Austrocknen des Auges führen.
Veredelte Rosen wachsen oft recht störrisch. Man muß ihnen helfen, einen möglichst ausgeglichenen Busch entwickeln zu können. Deshalb soll die oberste der verbleibenden Triebknospen stets nach außen zeigen. Dann ist am ehesten die Gewähr gegeben, daß der neue Zweig in die Breite geht.
Wenn die Rosen nach der Pflanzung so geschnitten sind, läßt man sie wachsen und erfreut sich später ihrer Blüten.
Schwieriger ist es in den folgenden Jahren mit dem Rosenschnitt. Genaugenommen müßte es gar nicht schwierig sein. Das ganze Schneiden wäre unnötig, wenn jede Rose so viel Lebensraum bekäme, wie sie zur Entfaltung ihres Strauchwuches braucht. Das aber ist in den Gärten zumeist nicht der Fall, wo möglichst viele Rosen auf einem einzigen Beet stehen und blühen sollen.
Manche Rosen kann und darf man nicht auf die übliche Art beschneiden. Nehmen wir als Beispiel einen Wildrosenbusch oder eine mannshohe sogenannte Strauchrose. Im Frühjahr erkennt man gut die grünen, oft mehr als meterlangen Triebe, die im letzten Sommer aus dem Boden gewachsen sind. Daneben befinden sich zweijährige, dunklere Triebe und noch viel älteres, borkiges, stachelbewehrtes Holz. Durch die grünen Triebe zeigt die Rose an, wie sie sich selbst immer wieder verjüngen will. Wir brauchen ihr mit der Säge oder mit der Schere nur zu helfen, auch wirklich jung zu bleiben. Aus einem derartigen Strauch wird im Winter oder im zeitigen Frühjahr dieser und jener Stamm herausgesägt, und zwar so tief, wie es mit dem vorhandenen Werkzeug irgend möglich ist.
Bei den Kletterrosen ist es ebenso. Klar und deutlich sind die aus dem Boden oder aus den unteren Stammteilen geschossenen, oft zwei Meter langen Triebe zu sehen. An den Verzweigungen der im Sommer zuvor gewachsenen langen Ruten erscheinen die Blüten. Auch im zweiten und im dritten Jahre blühen sie noch, wenn auch schwächer. Oft sieht man dann inmitten des Strauches noch einen ganz alten, borkigen Kletterrosentrieb. Ihn kann man wegnehmen, um der Rose wieder Luft zu machen und um sie anzuregen, noch stärker aus dem Boden oder von unten her auszutreiben. Aber es genügt auch schon, hier und dort einen vertrockneten Ast und woanders einen querwachsenden Trieb herauszunehmen, durch den eine Unordnung innerhalb des Rosenstrauches entstehen kann. Es gibt die herrlichsten Kletterrosen, an denen Jahrzehnte überhaupt nichts geschnitten worden ist.
Man betrachte sodann eine Edelrose, die allein zwischen Stauden und

anderen Blumen steht, sie hat also Platz ringsumher, allmählich ist ein meterhoher und ebenso breiter Busch entstanden, wie es manche Sorten – beispielsweise die ›Gloria Dei‹ oder die starkwachsende ›Käthe Duvigneau‹ – fertigbringen. Es wäre Unsinn, diese Rose auf fünf oder sechs Augen je Trieb herunterzusägen. Weil die unteren Augen bekanntlich am schwächsten ausgebildet sind, müssen sie nach dem Rückschnitt erst entwickelt werden; es gibt also eine spätere Blüte. Auch hier braucht man nur herauszuschneiden, was trocken und eventuell erfroren ist oder sich durch Wuchs ins Innere des Strauches als Störung des gleichmäßigen, harmonischen Aufbaues erweisen könnte. Sonst nichts.

Anders ist es mit Rosen, die auf Beeten stehen. Meistens werden sie viel zu eng gepflanzt. Das gilt zumal für die Gruppe der Floribundarosen. Es handelt sich dabei um Sorten, die an jedem Trieb und an jeder Hauptverzweigung ganze Sträuße von Blüten hervorbringen. Die neueren Sorten, wie beispielsweise die berühmte ›Duftwolke‹, sind an Blütengröße, Fülle und Wohlgeruch von den sogenannten Tee-Hybriden nicht mehr zu unterscheiden. Unter den Sorten der Floribundarosen gibt es die unterschiedlichsten Wuchseigenschaften. So wird eine der schönsten unter ihnen, die ›Queen Elizabeth-Rose‹, gut und gern anderthalb Meter hoch. Natürlich ist es Unsinn, die allgemeinen Faustregeln anzuwenden und von dieser Floribundarose sechs oder gar acht Pflanzen auf einen Quadratmeter zu setzen. Das ergäbe ein sich gegenseitig in die Höhe schiebendes, kahles Gestänge, und zum Betrachten der Blüten müßte man eine Leiter holen. Allenfalls kann man riskieren, eine einzelne Pflanze je Quadratmeter zu setzen.

Die bekannte Sorte ›Schweizer Gruß‹ dagegen wird tatsächlich nur halbmeterhoch. Sie hat noch dazu die gute Eigenschaft, immer wieder durchzutreiben, so daß sie während des ganzen Sommers blüht. Von ihr kann man gut und gern sechs Pflanzen je Quadratmeter ansiedeln.

Bei den sogenannten Tee-Hybriden, den Rosen mit großen Einzelblüten auf langen Stielen, verhält es sich ähnlich. Die bereits erwähnte ›Gloria Dei‹ wächst sehr stark, sie kann allein auf einem Quadratmeter stehen. Die weiße ›Virgo‹ ist recht schwachwüchsig, sie wird selbst mit sechs Pflanzen auf dem Quadratmeter nicht ins Gedränge kommen.

Man muß die Sorten und ihre Wuchseigenschaften also kennen, um sie richtig beschneiden zu können. Doch sieht man das den Sträuchern schon an, wenn sie blätterlos zur Schnittzeit im Garten stehen.

Stellen wir uns nun einen mehrjährigen Busch der bereits erwähnten Floribundasorte ›Queen Elizabeth‹ vor. Der Strauch hat drei alte, oben mehrfach verzweigte Stämme in Meterhöhe. Ganz unten, aus dem vorderen Stamm, so wollen wir annehmen, sind im vergangenen Jahr zwei daumenstarke Jungtriebe herausgewachsen. Da der Strauch tief genug gepflanzt ist, kommen aus der Veredlungsstelle – also unmittelbar aus dem Boden – zwei weitere Jungschosse heraus. Und auf dieses immer wieder erneute Austreiben von ganz unten her, möglichst aus dem Boden, kommt es an. Zwei der alten, holzigen Triebe wären also völlig wegzuschneiden. Den dritten Trieb schneide ich bis über den obersten der kurz über dem Erdboden herausgewachsenen Jungtriebe zurück. Der Strauch steht somit mit vier starken Trieben da. An ihnen ist wiederum zu sehen, daß die obersten Augen am stärksten ausgebildet sind, sie bringen die frühesten Blüten. Es werden also nur die allzu dünnen Spitzen weggeschnitten.

Aber auch hier könnte der ganze Strauch unbeschnitten bleiben. Es genügte, in jedem Jahr einen alten Stamm herauszusägen.

Voraussetzung dafür wäre aber, daß die Rose viel Licht und Platz hat, um sich an allen Seiten ausbreiten zu können.

Anders bei den Tee-Hybriden, bei denen es weniger auf einen überschwenglichen Gartenflor, als auf Blüten mit langen Stielen ankommt, die sich für Sträuße schneiden lassen. Die Stiele werden um so länger, je schärfer zurückgeschnitten wird. Es kommt also alles schwache, trockene, nach innen wachsende Holz weg, und die verbleibenden Triebe schneidet man auf jeweils vier bis acht Augen zurück. Es kommt immer auf die Stärke und Wuchskraft der jeweiligen Sorte an.

Man soll das alles nicht gar zu ernst nehmen. Auch in der Natur gibt es keinen Gärtner, der die Sträucher beschneidet. Und trotz aller Züchtungen ist auch die edelste Rose noch ein natürliches Geschöpf. Man muß ihr nur Platz genug geben. Es ist noch niemals eine Rose eingegangen, weil sie niemand beschnitten hat. Kaputtgeschnitten wurden dagegen schon zahllose Rosensträucher. Lieber also zu wenig als zu viel.

Wenn es dem bösen Mehltau nicht gefällt

Rosen im Garten zu haben ist das Einfachste der Welt. Früher hatte man Angst vor Blattläusen, Rosenzikaden, Mehltau, Sternrußtau und Rost. Das ist in den kleinen Verhältnissen des Hausgartens überhaupt kein Problem mehr. Man muß nur alle zehn Tage ab Mitte Juni ein wenig spritzen oder stäuben. Eine Spritze aus Kunststoff, einfach und bequem zu handhaben, kostet ein paar Mark. Das Spritzmittel, kombiniert gegen alle zu befürchtenden Schädigungen, löst man nach der Gebrauchsan-

weisung in Wasser auf. Die Düse ist so zu halten, daß die Spritzflüssigkeit vor allem die Unterseiten der Rosenblätter besprüht. Das ist alles. Gefährlich sind nicht so sehr die Blattläuse und sonstigen tierischen Schädlinge. Sie bekommt man mit den modernen Insektiziden auch weg, wenn sie sich bereits eingestellt haben. Anders ist es mit den Pilz-Erkrankungen, insbesondere mit dem Sternrußtau. Wenn die Blätter erst einmal anfangen, fleckig und schwarz zu werden, dann bekommt man in der jeweiligen Vegetationszeit den Sternrußtau nicht mehr weg. Deswegen ist es richtig, vorbeugend von Mitte Juni an etwas dagegen zu tun.
Zweimal werden die Rosen gedüngt. Das erste Mal im März. Bevor die Winterschutzerde abgehäufelt wird, streut man je Quadratmeter eine Handvoll Volldüngersalz. Besser ist ein spezielles Rosendüngemittel, das es in mehreren Arten im Fachhandel gibt. Durch das Abhäufeln der Erde wird der Dünger gut verteilt. Ein zweites und letztes Mal wird gedüngt, wenn der erste Flor vorüber ist.
Keine Angst auch vor dem Frost. Gewiß frieren manche Rosen herunter, wenn es sehr kalt wird. Doch wo die Erde anfängt, da hören die Frostschäden – von extremen Ausnahmen abgesehen – auf. Deshalb soll man jede Rose im Hausgarten mit Erde anhäufeln, wenn es Dezember wird. Und das ist wirklich keine Mühe.
Bei Hochstämmen bewährt es sich am meisten, wenn die Stämmchen von den Haltepfählen gelöst und vorsichtig umgebogen werden. Die Kronen schüttet man dann mit Erde ein. Sind Hochstämmchen schon alt, so daß sie sich nicht mehr biegen lassen, kann man die Kronen mit Stroh oder Heidekraut ausstopfen. Keinesfalls sollte man als Winterschutzmaßnahme bei Hochstammrosen etwa Folientüten verwenden.
Man wird mit Rosen auf Jahre hinaus viel Freude und wenig Verdruß haben, wenn die beiden Grundforderungen erfüllt sind: Das ist erstens der tiefgründige Boden und das ist zweitens viel, viel Licht.

Narzissen und die Tulipan

Mitten im Januar, Schnee fällt über Stadt und Land, die Erde ist hart gefroren, kein Pflanzenleben regt sich, es ist zu kalt. Auch in der Wärme des geheizten Zimmers würde ein Rose im Blumentopf nicht wachsen, denn es fehlt Licht. Aber die Hyazinthen am Fenster blühen, daß die Stube von ihrem Duft erfüllt ist. Bald folgen Tulpen, Narzissen und Krokusse in Blumentöpfen und Schalen.

Draußen im Garten regt es sich meist ab Februar. Wer kennt nicht die rührenden Bilder von Krokussen und Zwergschwertlilien, die oftmals noch der Schnee überrascht, wenn sie schon blühen.

Spätestens im März geht es richtig los. Wenn der Blütenstaub der Hasel verweht, wenn die Amsel im Kirschbaum flötet, wenn das letzte Schmelzwasser vom Dach tropft, dann bricht die Erde förmlich auf, es quillt und treibt mit Gewalt aus ihr heraus. Wildkrokusse, Schneeglöckchen, Winterlinge, Scilla und kleinblütige Narzissen machen den Anfang. Es folgen die ersten Wildtulpen, von denen die Hummeln immer ganz verrückt werden. Osterglocken, Hyazinthen lassen nicht lange auf sich warten. Dann fangen die Tulpen an, die bereits seit Jahrhunderten in zahllosen Sorten gezüchtet werden: niedrige und mittelhohe sind es im April. Im Mai folgen alle Arten von höheren Tulpen, einfach, lilienartig, schlank, gefüllt wie Pfingstrosen, bunt wie Papageiengefieder, klein und so groß zuweilen, daß man fast an Luftballons denken könnte, wie sie die Kinder auf dem Jahrmarkt bekommen.

Und ehe die übrigen Blumen im Garten so recht bemerkt haben, daß es inzwischen hell in der Welt und fast Sommer geworden ist, brennt das mit den Hyazinthen im Januar begonnene Blütenfeuerwerk ab. Vergilbendes Laub bleibt übrig, man ist verärgert darüber, denn es sieht nach Herbst aus und stimmt traurig.

Das Laub aber ist wichtig. Je länger es im Baumschatten oder im kühlenden Wind grün bleibt, um so besser wird die Blüte im folgenden Frühling. Denn nur grüne Blätter können mit dem hellen Licht dafür sorgen, daß die Salze des Bodens und die Gase der Luft in pflanzliche Nährstoffe verwandelt werden. Die Speicherung dieser Nährstoffe erfolgt in Knollen und

Zwiebeln, die sich im Boden befinden. Bis der Sommer mit Hitze und Dürre einsetzt und das Laub restlos gelb geworden ist, sind die Knollen und Zwiebeln zu neuem Blühen im Winter und im kommenden Frühling bereit.

Zwiebel und Knolle ist nicht dasselbe

Eine KNOLLE hat der Krokus. Sie ist nichts anderes als ein verdickter Stiel. Wenn man die Krokusknolle durchschneidet, sieht man nur weißes, strukturloses Gewebe und oben den gelbgrünen, meist etwas gekrümmten Sproß, der an einen Vogelschnabel erinnert.

Eine ZWIEBEL dagegen ist kein verdickter Stiel, sondern gewissermaßen eine zusammengestauchte Pflanze. Bei der durchgeschnittenen Hyazinthenzwiebel ist die Anlage der neuen Blüte zu sehen. Anders als bei der Knolle, bei welcher der Sproß oben sitzt, wächst bei einer Zwiebel der Sproß unten aus dem Zwiebelboden heraus.

Knollen und Zwiebeln von Frühlingsblumen gibt es ab September im Samenfachhandel und in allen Gartencentern. Da liegen in Körbchen etwas flachere, braungraue Knollen, die Abbildung der Blüte weist sie als großblumige Gartenkrokusse aus. Das sind die bekannten, ostereierbunten Krokusse, wie man sie im Frühjahr überall blühen sieht. Die gelben Sorten sind am dauerhaftesten. Auf dem Rasen sehen sie gut aus. Nur vertragen sie auf Dauer nicht die feste Grasnarbe. Auch schneidet der Rasenmäher allzu zeitig die grünen lebenswichtigen Krokusblätter weg. Trotzdem sollte man sich den Spaß leisten. Krokusknollen sind billig, und sie blühen mindestens zweimal. Wein dagegen ist teuer, und man kann ihn nur ein einziges Mal trinken.

Gute Qualitäten des Krokus haben einen Knollenumfang von 8 bis 9 Zentimetern.

Daneben liegen dem Schild zufolge die botanischen Krokusse; eigentlich eine unsinnige Bezeichnung, aber sie hat sich im Handel eingebürgert. An ihnen ist noch nicht viel herumgezüchtet worden. Sie haben noch den Charme der Wildheit. Wer sie richtig pflanzt, der hat sie für alle Zeit im Garten. Man muß diese Wildkrokusse selbstverständlich an Stellen pflanzen, an denen sie während des Sommers in Ruhe gelassen werden. Beispielsweise im näheren Umkreis von Gehölzen, etwa des Blumenhartriegels, der im Mai blüht und erst hinterher sein Laub bekommt. Aber es könnte ebensogut ein anderer Strauch sein. Im Frühling, wenn die Blätter fehlen, ist es recht hell am Boden. Das fallende Laub im Herbst sorgt für immer neuen Humus. Das wäre ein Platz für Wildkrokusse.

Auch für den Steingarten und ähnliche Partien eignen sie sich gut. An diese Stellen paßt außerdem alles, was beim Handel unter der Bezeichnung »Beipack« läuft. Das sind die Zwiebelchen kleiner Blumenarten, die beim Versand wenig Platz brauchen und den Tulpen sozusagen beigepackt werden. Man soll sie aber nicht beiläufig behandeln, denn in ihnen steckt der ganze Blütenzauber des Vorfrühlings. Es sind Schneeglöckchen, Winterlinge, Traubenhyazinthen, frühe Arten der Zwergschwertlilie, vor allem die blaue Scilla; von ihr ist die Sorte ›Spring Beauty‹ am schönsten. Übrigens hat Königin Juliana auf der Internationalen Gartenbau-Ausstellung von Amsterdam darum gebeten, für Beipack ein anderes Wort zu nehmen, da die Bezeichnung den Wert der zweifellos wunderschönen Blumen herabmindere.

Zu den Dauergästen des frühen Frühlings gehören die botanischen Tulpen. Es gibt von ihnen viele Züchtungen, aber sie haben sich noch die Merkmale ihrer Vorfahren in den turkestanischen Bergen erhalten. Die Pflanzplätze des Wildkrokus sind auch für diese Tulpen gut geeignet. Sie behaupten sich am Rand von dichterem Buschwerk, zwischen Polsterstauden, auf Grashängen und zwischen Steinen, denn ihr Leben ist kraftvoll.

Am wichtigsten ist die Tulipa kaufmanniana mit ihren Sorten. Alle haben blankgrünes Laub und sternförmige Blüten, wie Bierdeckel so groß. Die Farben spielen in Rot, Gelb und Weiß. Gute Zwiebeln haben einen Umfang von 10 bis 11 Zentimetern.

Es folgen die Hybriden der Tulipa greigii. Sie unterscheiden sich von den Kaufmannianae durch ihr braungestricheltes Laub, das ausgesprochen wildkatzenhaft wirkt.

An dritter Stelle in der Blühfolge stehen die Sorten der Tulipa fosteriana mit den riesigsten Blüten aller Tulpen, jede fast so groß wie ein Weinpokal; am berühmtesten sind der ›Rote Kaiser‹ und die rahmweiße ›Purissima‹.

Es gibt aber noch andere Dauerbewohner. Einmal im Garten angesiedelt, bleiben sie für immer. Wenn sie einen frischen Boden vorfinden, der nicht gar zu sehr austrocknet, können sie fast lästig werden: Es sind die Narzissen.

In einer Wiese, unter Obstbäumen, auf Böschungen, entlang der Grenzhecke, zwischen Stauden: überall ist Platz für Narzissen. Besonders häufig sind die richtigen Osterglocken oder Trompetennarzissen. Eine auseinandergefältelte Trompete haben die großkronigen Narzissen. Unüber-

trefflich sind die wetterfesten Narzissen. Ihre runden Blütengesichter scheinen tatsächlich eine unsichtbare Regenkapuze zu tragen.
Schließlich die Hauptgarde der seit langem gezüchteten Gartentulpen. Hat man ein richtiges Blumenbeet, sollen erst Stiefmütterchen blühen, dann Tulpen, dann Astern. Auch zwischen Rosen können Tulpen stehen, wenn absolut kein anderer Platz im Garten vorhanden ist. Man muß nur beim Anhäufeln und Abhäufeln der Rosen etwas aufpassen.
Mehrere hundert Tulpensorten gibt es. Die einfachen frühen Tulpen wie auch die gefüllten frühen Tulpen bleiben ganz niedrig und machen im April den Anfang. Es folgen die Triumph-Tulpen in leuchtenden Farben. Edelste hohe Tulpe im Mai ist nach wie vor die Darwin-Tulpe. Von ihr gibt es als Steigerung die Ideal-Darwin-Tulpen mit größeren Blüten von nicht minderer Eleganz und mit langer Blühdauer.
Weil sie sich leicht vermehren läßt, werden die modernen Darwin-Hybrid-Tulpen in Massen angeboten. Sie bekommen wahrlich riesige Blüten mit zuweilen fast schockierenden Farben. Berühmt sind Sorten wie ›Apeldoorn‹, ›Hollands Glory‹ und die rot-gelb changierende ›Goudoschnik‹. Die Blütengröße hat indessen Nachteile. Es kann plötzlich warm werden, dann sind die Blütenblätter noch zu muskelschwach und mit der großen Blume ist es bald vorbei.
Gute Qualitäten aller dieser Tulpen haben einen Zwiebelumfang von 11 bis 12 Zentimetern.
Bleiben noch die Hyazinthen. Im ersten Jahr sind sie fast zu prächtig, zu dicht, zu unnatürlich. In den weiteren Jahren werden sie graziöser. Am besten stehen diese Blumen in einer gezirkelten, geometrischen, strengen Umwelt. Sie passen nicht recht in natürliche Pflanzungen. Man setzt Hyazinthen auf viereckige oder runde Beete dicht am Haus, an der Treppe, am Weg. Auch in Steinkübeln, in Trögen und größeren Schalen stehen sie schön. Gute Qualitäten für die Pflanzung im Garten haben einen Zwiebelumfang von 15 bis 16 Zentimetern.

Wachsen nur im Frühling und im Herbst

Von diesen Blumenzwiebelpflanzen muß man wissen, daß sie fast alle aus Gegenden der Erde kommen, in denen es nur in den feuchten Zeiten des Frühjahrs und des Herbstes ein pflanzliches Leben gibt. Im Winter ist es zu kalt, und dem trockenen Sommer können allenfalls Steppengräser widerstehen. Unsere Wildtulpen also ziehen sich in das kühlere, feuchtere und schützende Erdreich zurück. Erst wenn im Herbst wieder die Regen fallen, erwacht das Leben in den jungen Zwiebeln. Bevor es Winter wird, sollen Wurzeln und Sproßspitzen wachsen, damit die ohnehin kurze Frühjahrszeit von den ersten Tagen an für das Leben über der Erde genutzt werden kann. Diesen Vegetationsrhythmus haben alle unsere Frühjahrsblumenzwiebeln im Garten beibehalten. Sie brauchen die Wochen des kühlen und feuchten Herbstes, um Wurzeln und Sproßspitzen wachsen zu lassen. Je mehr Zeit sie dafür zur Verfügung haben, um so besser ist es. Wir können nie voraussagen, wann der Winter mit seinen Frösten ein pflanzliches Leben unmöglich macht. Es ist deshalb immer gut, Blumenzwiebeln so früh wie möglich zu pflanzen, am besten bereits im September.

Nordseiten von Häusern, Schuppen, Hecken und Nadelbaumgruppen sind für diese Blumen ungeeignet, weil es dort im Frühling zu schattig ist. Sonst findet sich in jedem Garten viel Platz für Blumenzwiebeln. Sie brauchen das Sonnenlicht ja nur während weniger Wochen, wenn die Laubbäume ohnehin noch keine Blätter haben.

Der Boden soll locker sein. Mühelos muß man mit dem Handspaten die Pflanzlöcher machen können. Sonst wird umgegraben. Zwischen Stauden und Sträuchern ist die Grabegabel am besten, es werden damit nicht so viele Wurzeln beschädigt.

Haben an den jeweiligen Plätzen schon während der letzten Jahre Blumenzwiebeln gestanden, so sollte man je Quadratmeter 50 Gramm Brassicol ausstreuen und mit dem Rechen in die oberste Bodenschicht einarbeiten. Auf diese Weise wird verhindert, daß die Erreger von Zwiebelkrankheiten das neue Pflanzgut befallen.

Allzu gern werden Blumenzwiebeln von Mäusen gefressen. Bester Schutz dagegen ist Bleimennige. Man bekommt das rote Pulver in Drogerien, die Zwiebeln werden darin um-und-um gewälzt.

Am besten wachsen Blumenzwiebeln in einem leichten, sandigen Boden. Vor allem für Daueransiedlungen dieser Blumen ist es wichtig, daß im Sommer das Wasser schnell in den Untergrund sickert. Wer einen zu schweren, tonigen und nassen Gartenboden hat, der soll sich einen Schubkarren voll Sand beschaffen. Man schüttet einfach eine Schaufel voll Sand in das Pflanzloch und setzt gleichzeitig die Zwiebel hinein.

Keinesfalls dürfen Löcher mit dem Setzholz gemacht werden. Die Spitze dieses Holzes hinterläßt unter der Zwiebel einen Luftraum, und das ist nicht gut. Richtig ist es, einen Pflanzspaten zu verwenden, den Griff mit der ganzen Hand zu umfassen, ihn in das Beet zu stecken und die Erde dann herauszuziehen; zu ziehen, wohlgemerkt. Wer den Spaten so anfaßt, daß der Griff ständig gegen den Handballen stößt, wird am Abend unweigerlich Blutflecken haben.

Über die richtigen Pflanztiefen in Zentimetern gibt es grafische Darstellungen, die seit urdenklichen Zeiten in allen Büchern und Zeitschriften nachgedruckt werden. Dennoch hat noch nie jemand mit dem Zollstock Blumenzwiebeln gepflanzt. Es kommt auch wirklich nicht auf eine genaue Einhaltung der Vorschrift an. Als Faustregel gilt: etwa doppelt so tief pflanzen wie die Zwiebel dick ist. Vor allem Krokusse soll man lieber etwas tiefer pflanzen, weil sie mit jedem Frühlingstag, den sie später aus dem Boden kommen, weniger durch die Amseln gefährdet sind. Die Tulpen bringen sich mit den Zwiebeln ihrer Nachkommenschaft selbst in die gewünschte Bodentiefe. Wer in freier Natur einmal Blumenzwiebeln auszugraben versucht, wird staunen, wie tief sie sich in der Erde befinden.
Blumenzwiebelpflanzen wirken nur dann, wenn sie zu mehreren oder gar vielen einer Art und Sorte schwarmartig beieinanderstehen; die Kaiserkronen sind von dieser Regel ausgenommen. Tulpen und Narzissen streut man am besten mit beiden Händen über die Pflanzfläche. Meist fallen sie so, daß sie in der Blüte besonders malerisch aussehen. Beim Einpflanzen kann man die Zwiebeln beiseite rücken, wenn sie hier und dort zu nahe an eine Staude oder an einen Strauch gefallen sind. Tulpen können recht eng stehen, etwa mit einem Zwiebelabstand von 15 bis 20 Zentimetern. Bei Hyazinthen ist es ebenso. Dagegen sollen Doppelnasen von Narzissen einen Abstand von 30 Zentimetern bekommen, denn sie bestocken sich recht schnell, und in zwei bis drei Jahren wäre die Pflanzung zu eng. Mit dem Handspaten werden die Löcher gemacht, man legt die Zwiebeln, selbstverständlich die Spitzen nach oben, hinein, alsdann wird wieder Erde eingefüllt und mit der Hand ein wenig angedrückt. Fertig.
Für Kleinblumenzwiebeln wie Schneeglöckchen, Krokusse, Scilla, Vorfrühlingsiris und den Winterling scharrt man am besten eine flache Grube, verteilt die Knollen und Zwiebeln darin und scharrt die Grube wieder zu. Bei Krokuspflanzungen im Rasen muß man natürlich die kleinen Pflanzlöcher richtig ausstechen. Ist der Boden wieder eingefüllt, soll er mit dem Stiefelabsatz ordentlich festgetreten werden. Auf dem Rasen beschäftigen sich nämlich die Amseln im März mit der Würmersuche. Dabei pikken sie gern die Krokusknollen heraus, weil sie unter ihnen Leckerbissen vermuten. Genau ist es aber noch nicht erwiesen, ob die Vögel nun auf Würmer oder auf Feuchtigkeit aus sind. Es kann durchaus auch sein, daß sie das Fleisch der Knollen und die während der Triebzeit besonders vitaminreichen Sprossen schätzen. Sind die Knollen aber festgetreten, so geben die Vögel den Versuch bald auf, sie herauszupicken.
Das Herbstlaub, das zur Pflanzzeit der Blumenzwiebeln von den Bäumen fällt, wird selbstverständlich vom Rasen gefegt. Unter den Blättern würden

nämlich gelbe Stellen entstehen. Doch zwischen dem Strauchwerk und entlang der Hecke soll das Laub liegenbleiben. Auch im Wald harkt niemand die Blätter zusammen. Allzu große Putzsucht der Menschen ist dem Garten schädlich. In jedem Fall ist es besser, wenn der Erdboden eine natürliche Abdeckung hat. Vor allem aber lockt das Laub im Frühjahr die Vögel an, die bei der Futtersuche Blatt um Blatt umdrehen. Sie vergreifen sich dann nicht so schnell an den Blumenzwiebeln, von denen die frühen Krokusse am meisten gefährdet sind.

Nach der Pflanzung bleibt alles sich selbst überlassen. Schon nach sechs Wochen soll man nicht mehr über die Beete laufen. Manche Tulpe ist noch vor Winterbeginn mit ihrer Triebspitze bis an die Erdoberfläche herangewachsen, man könnte sie abquetschen. Winterschutz mit Nadelholzzweigen ist unnötig, er schadet aber – vor allem in ausgesprochen kalten Gebieten – keineswegs. Nur muß man die Zweige im Februar-März wegnehmen, damit unter ihnen nicht zuviel Wärme entsteht, die einen vorzeitigen Austrieb der Zwiebeln zur Folge haben könnte.

Damit es auch im nächsten Frühling blüht

Zur Pflege dieser Blumenzwiebelpflanzen während des Frühlings gehört, daß man die Pflanzungen düngt. Es genügt, je Quadratmeter eine Handvoll Volldüngesalz auszustreuen. Denn nur im Frühling, wenn sie ihre grünen Blätter haben, können Tulpen, Narzissen, Hyazinthen usw. den Dünger auch verarbeiten. Es kommt darauf an, die durch das Blühen geschwächten Zwiebeln und Knollen wieder zu stärken beziehungsweise bei den Tulpen das Wachstum der Tochterzwiebeln zu fördern. Aus diesem Grunde soll man zumindest von den größer werdenden Pflanzen auch die Blüten abschneiden, wenn sie verwelkt sind. Sonst würden die Pflanzen zuviel Kraft für die Ausbildung des Samens verbrauchen, der uns nichts nützt. Eine Ausnahme bilden manche Kleinblumenzwiebeln wie etwa das Schneeglöckchen, dessen rote Fruchtkörperchen die Ameisen verschleppen, wodurch es zu einer gern gesehenen Ausbreitung dieser frühen Frühlingsblume kommt.

Bei Narzissen und den höheren Gartentulpen ist es ärgerlich, daß sie im Mai und im Juni ihr Laub gelb verfärben, zu einer Zeit, wenn herbstliche Stimmung uns noch gar nicht behagt. Dagegen gibt es nur zwei Möglichkeiten. Man kann die Pflanzen nach der Blütezeit mit dem Spaten oder mit der Grabegabel aus dem Boden herausnehmen. An einer weniger auffallenden, abseits gelegenen Gartenstelle schlägt man sie dann so lange wieder in Erde ein, bis die Blätter völlig gelb sind. Also wird ein Graben mit halber Spatenblattiefe ausgehoben, die Zwiebelpflanzen stellt man schräg in den Graben hinein und deckt sie bis an den Laubansatz wieder mit Erde zu.

Sehr schön ist es, wenn die Narzissen in einem Unterwuchs aus Stauden stehen, die mit ihren Wurzeln nur flach in den Boden hineingehen und den Zwiebeln keinen Platz wegnehmen. Die Stauden müssen mit ihrem Blätterwuchs so hoch werden, daß die langsam vergilbenden Narzissenblätter darin versinken. Es gibt für diesen Zweck nichts idealeres als die Taubnessel, die der Gärtner als Lamium galeobdolon bezeichnet. Die Pflanzen sehen mit ihren silbergefleckten Blättern hübsch aus, verbreiten sich in kurzer Zeit und sind leicht abzumähen, wenn sie zu hoch werden.

Nach der Pflanzung der Tulpenzwiebeln im Herbst soll man geeignete Sommerblumen zwischen ihnen säen. Vor allem die Arten des Mohns, Kornblumen und einjährige Rittersporne sind geeignet. Im Frühjahr kann man außerdem noch Schleierkraut und Godetien aussäen. Wenn die Tulpen im März zu treiben beginnen, stehen sie bereits in einem zartgrünen Flaum der gleichfalls heranwachsenden Sommerblumen. Später im Mai sind die vergilbenden Blätter nicht mehr zu sehen, weil die Sommerblumen nun mächtig wachsen und mit ihren Blüten den Flor des Frühlings in den Sommer und in den Herbst hinein fortsetzen.

Es ist also kinderleicht, einen Gartenzauber mit Blumenzwiebeln zu veranstalten. Wenn sie nicht von Mäusen gefressen werden, dann blühen alle diese Blumen zumindest im ersten Frühling so sicher, wie sich ein Stehaufmännchen wieder aufrichtet, wenn man es umwirft.

Sommerlang blühende Blumen

Im allgemeinen werden unter Sommerblumen jene Gewächse verstanden, die man zu Beginn des Jahres und im Frühling aussät und deren Leben der erste Frost im Herbst beendet, nachdem sie Monate hindurch üppig geblüht haben. Genau stimmt das allerdings nicht. Eine Reihe dieser Blumen ist durchaus winterfest, wie etwa die Calendula. Andere samen sich von selbst aus, so daß sie zu Dauerbewohnern eines Gartens werden. Der Berufsgärtner hat noch feinere Unterscheidungen. Beispielsweise zählt er das Ageratum, die Lobelie und andere Gewächse zu den Gruppenpflanzen. Wir wollen jedoch zu den Sommerblumen alles das rechnen, was alljährlich aus Samen – gelegentlich aus Stecklingen – herangezogen wird. Dazu gehören auch alle jene Blumen, die im Gegensatz zu den als Einjahrsgewächse bezeichneten Sommerblumen als Zweijahrsblumen bekannt sind; also Stiefmütterchen, Bellis, Vergißmeinnicht, Bartnelken und Marienglockenblumen, die man im Juni aussät, damit sie im Frühling und im Sommer des nächsten Jahres blühen.

Wer einen neuen Garten hat, kann mit Sommerblumen in kürzester Zeit das größtmögliche Farbfeuerwerk veranstalten. Das Saatgut ist vergleichsweise billig, in zwei Manteltaschen läßt sich der Blütenflor eines ganzen Gartensommers nach Hause tragen. Die meisten dieser Gewächse sind jedoch nicht gerade anspruchslos. Damit sie in kurzer Zeit ihre ganze Schönheit entfalten können, brauchen sie zunächst einen sonnigen, freien Standort. Es hat keinen Sinn, Sommerblumen etwa wie Waldstauden zwischen Buschwerk und an extrem gelegenen Plätzen zu pflanzen. Man soll mit ihnen so umgehen, als handele es sich um Gemüse, von dem wir wissen, daß es nur an einem entsprechend vorbereiteten, sonnig gelegenen Platz gedeiht. Hermann Zörnitz hat einmal geschrieben: »Sommerblumen gedeihen am besten in einem Boden, der so gut gegraben, gegrubbert und mit Torf vermengt ist, daß man mühelos seinen Arm bis zum Ellenbogen hineinstecken kann.« Aber nicht nur auf die Struktur des Bodens kommt es an, sondern ebenso auf den Gehalt an Nährstoffen. Am weitesten kommt man, wenn beim Graben oder Grubbern je Quadratmeter drei Schaufeln voll Hornspäne bzw. Hornmehl vermischt mit Blutmehl eingearbeitet werden. Oder man nimmt ein auf organischer Basis hergestelltes Düngemittel wie »Hornoska spezial«, das eine nachhaltige Wirkung entfaltet.

Die Eisheiligen kommen erst im Mai

Regelmäßig wird in jeder Februarausgabe von Zeitschriften für Gartenfreunde geschrieben, daß es höchste Zeit sei, die ersten Sommerblumen auszusäen. Das ist im Grunde genommen nicht falsch, denn mit manchen Arten wie Semperflorens-Begonien, Chabaud-Nelken und Ageratum hätte man damit bereits im Januar beginnen müssen. Dafür bietet neuerdings der Fachhandel perfekte Saat-Kinderstuben für alle Pflanzen an, teilweise gar mit eingeklebtem Bodenheizkabel und durchsichtigen Abdeckhauben aus Plexiglas. Diese Behälter sind zwar praktisch und sehen nett aus, und an der aufgehenden Fensterbrettsaat kann man sein Vergnügen haben. Aber die Frage bei alledem ist nur, wo man die heranwachsenden Pflanzen unterbringt, bis schließlich Mitte Mai die Eisheiligen ihren Abschied genommen haben. Selbst ein beheizbares Kleingewächshaus kann nur eine begrenzte Menge von Pflanzen aufnehmen, die ja nach einer Aussaat im Februar schon bis April einen beachtlichen Umfang bekommen. Mit dem Frühbeet ist es nicht viel anders, zumal es keinen Pferdemist mehr für die Bodenerwärmung gibt und nur wenige Menschen die Möglichkeit haben oder die Lust aufbringen, eine elektrische Bodenheizanlage zu installieren.

Es ist deshalb zu empfehlen, sich die Pflanzen beim Gärtner oder auf dem Wochenmarkt zu kaufen, die üblicherweise bereits im Januar ausgesät werden müssen. Im Mai, wenn die Eisheiligen vorüber sind, werden sie allenthalben angeboten. Eine Ausnahme machen die Mittagsblumen, im Samenfachhandel unter der Bezeichnung Mesembryanthemum geführt, obwohl sie Dorotheanthus bellidiformis heißen. Dieses reizende, fast dem Boden aufliegende, dickfleischige Gewächs mit seinen feinstrahligen Sternblüten in allen Pastellfarben und in dichter Fülle gibt es niemals auf dem Markt. Man braucht nur eine briefbogengroße Schale, um sich den Gartenbedarf an dieser Pflanze auf dem Fensterbrett heranzuziehen.
Eine andere Gruppe von Sommerblumen kann später ausgesät werden, aber auf Frost ist immer noch zu achten. Zu ihnen zählen so bekannte Blumen wie Astern, Tagetes, Löwenmäulchen, Zinnien usw. Man sollte die Saatzeit-Empfehlungen niemals so ganz ernst nehmen. Bei dem Berufsgärtner kann viel davon abhängen, ob er mit seinen geschnittenen Astern

Staudenrabatte im Juni. Noch immer blühen die Pfingstrosen, und schon sind die ersten Rittersporne da.

Gartenfreuden ohne Garten. So gut wachsen die blauen Waldreben auch an der sonnigen Spalierwand, wenn sie einen beschatteten, kühlen Wurzelgrund haben.

drei Tage früher auf den Großmarkt fahren kann als sein Kollege. Daheim im Garten ist es völlig egal, ob die Straußenfederastern nun am 1. oder am 10. Juli mit dem Flor anfangen. Der Gärtner hat in seiner Gärtnerei Kultureinrichtungen genug, die es ihm ermöglichen, im März selbst dann auszusäen, wenn noch Schnee fällt. Im eigenen Garten hat man diese Möglichkeiten keineswegs.

Hinzu kommt die Beobachtung, daß letztlich alle Pflanzen am besten werden, wenn sie zügig heranwachsen. Das ist in starkem Maße von den Temperaturen abhängig. Es kommt also auf den Witterungsverlauf und auf die Lage des jeweiligen Gartens an. Im Zweifelsfall ist es richtiger, lieber erst am 15. April auszusäen als bereits Ende März. Bei allen Aussaaten, ob im gesonderten Saatbeet oder im Freiland, ist immer die Frostgefahr zu beachten. Es müssen Möglichkeiten geschaffen werden, die kleinen Pflänzchen zuzudecken. Im Frühbeet geschieht das am einfachsten mit dem dazugehörigen Fenster und einer Strohmatte. Die Fröste im April und Anfang Mai sind nicht mehr so stark, daß unter einer derartigen Abdeckung etwas passieren könnte. Ähnlich läßt sich bei Saatbeeten im Freiland verfahren. Man kann ringsherum einen Erdwall aufschütten, ein paar Latten darüberlegen und das Beet dann ebenfalls mit Strohmatten abdecken. Manchmal hilft es sogar schon, wenn über den aufgegangenen Saaten lediglich eine Zeitung liegt.

Die Aussaat ist höchst einfach. Man nimmt am besten sterilisierte Erde, die in Fachgeschäften verkauft wird. Ihr Vorteil ist, daß sie keine Unkrautsamen enthält. Ob in der Saatschale oder im Frühbeet, die Erde muß eine leichte Feuchtigkeit haben, ehe man sät. Es kann also erforderlich sein, das Saatbeet zu überbrausen und dann einen ganzen Tag abzuwarten, bis der Boden durchtränkt ist. Danach richtet man sich nach den Kulturanweisungen, die auf den Rückseiten der Samenpackungen stehen. Fast immer sind flache Rillen in zwei Finger breitem Abstand voneinander zu ziehen. So dünn wie möglich bringt man dann die Samenkörner in die Rillen, übersiebt alles mit einer hauchdünnen Erdschicht, die sodann mit einem Brettchen angedrückt und schließlich kurz überbraust wird.

In der Folgezeit ist darauf zu achten, daß unser Saatbeet niemals austrocknet, ohne andererseits zu naß zu sein. Die aufgegangene Saat lüftet man bei sonnigem und warmem Wetter ein wenig. Sobald sich die Blätter der kleinen Pflanzen berühren, müssen sie auseinandergepflanzt – pikiert, verzogen – werden. Dabei werden die lang nach unten gehenden Wurzeln in der Mitte durchgeknipst, damit sich ein reicher verzweigtes Wurzelwerk entwickelt. Nach dem Auseinanderpflanzen in etwas größere Abstände bleiben die Fenster ein paar Tage geschlossen. Mehr und mehr lüftet man die Kästen, bis gegen Ende April – zunächst bei Sonne und bei Tage, schließlich auch bei kühlerem Wetter und bei Nacht – die Fenster ganz wegbleiben. Sie werden fortan nur noch aufgelegt, wenn Nachtfröste drohen, denn gegen Frost sind die jungen Pflanzen immer noch empfindlich.

Die nächste Gruppe der Sommerblumen ist weniger wehleidig, man kann sie im März-April unmittelbar ins freie Land aussäen. Irgendwelche Maßnahmen zum Frostschutz sind nicht erforderlich, schaden aber auch nicht. So schön und so praktisch es sein mag, die Samen gleich auf die künftigen Blumenbeete zu streuen, man sollte es doch unterlassen. Kaum ein Gartenboden ist frei von Unkrautsamen. Und wer hat schon so viel Erfahrung und so gute Augen, um unter den vielen Blätterarten die ersten Blättchen des Löwenmauls zu erkennen. Hat man aber die Sommerblumen einstweilen auf schnurgerade gezogenen Reihen eines Saatbeetes zu stehen, dann darf sich das Unkraut auf den späteren Blumenbeeten zunächst austoben. Zumindest so lange darf es wachsen, bis es in Blüte kommt. Nun ist die Fläche viel leichter und schneller frei zu bekommen, als wenn man auf die vielen kleinen und kaum erkennbaren Sämlinge der Sommerblumen achten muß.

Einjahrsblumen für die Aussaat im Winter unter Glas oder in einem Gewächshaus

Nelke (Dianthus). Gemeint sind hier jene langstieligen, höheren und gefüllten Duftnelken, die sogenannten Chabaud-Nelken.

Leberbalsam (Ageratum houstonianum). Der botanische Name kommt von ageratos und heißt in etwa: ewig jung. Die schöne, niedrige, immer adrett wirkende blaue Blume ist allgemein bekannt.

Lobelie (Lobelia erinus). Niedrige, fast polsterartig wachsende, gut für die Bepflanzung von Beeträndern geeignete Sommerblume in blauen und weißen Sorten.

Begonie (Begonia semperflorens). Während des ganzen Sommers blühende Pflanze für Teppichbeete in Farben zwischen Weiß und Rot. Ein Gramm Samen enthält etwa 75 000 Körner. Man kann auch sagen: 70 Quadratmeter Blütenteppich gehen in einen Fingerhut.

Petunie (Petunia × hybrida). Es gibt hängende und aufrecht in gedrungenen Büschen wachsende Sorten, einfachblühend, gefüllt und in allen Farben mit Ausnahme von Gelb.

Spinnenpflanze (Cleome spinosa). Auch Pillenbaum genannt. Die zuwei-

len fast mannshoch werdende Pflanze wird gern für Einzelstellung inmitten niedrigerer Sommerblumen verwendet.
Mittagsblume (Dorotheanthus bellidiformis). Fast dem Boden aufliegende, halbsukkulente Pflanzen mit Sternblüten in allen Pastellfarben. Es handelt sich um ein Gewächs, das nur in warmen Sommern recht gedeiht und ausschließlich bei Sonnenschein blüht.

Besonders beliebte Sommerblumen, die ab März im Garten ausgesät werden können (aber ein Saatbeet wäre besser)

Ringelblume (Calendula officinalis). Mit ihren gelben und orangefarbigen Blüten sind diese Blumen hinreichend bekannt, der Flor reicht bis in den Winter hinein, meist säen sie sich dann selber wieder aus.
Sommerfuchsie (Clarkia elegans). Halbmeterhohe Blütenbüsche mit quastenartigen Blüten in meist zarten Farbtönen. Sehr weit säen, sie brauchen einen allseitigen Abstand von 20 cm, aber man kann sie auch später ausdünnen oder umpflanzen. Heranwachsende Clarkien öfter stutzen, damit sie sich reich verzweigen. Mehrere in Abständen vorgenommene Folgesaaten sichern eine längere Blütezeit dieser schönen Blume.
Schöngesicht (Coreopsis tinctoria). Die Blüten sehen eher wie treue Augen aus, nicht wie Gesichter. Es gibt bei den Pflanzen verschiedene Größen von 20 cm bis 1 m. Man sät sie im März ins Freie, alle Coreopsis lassen sich den ganzen Sommer über mit ihrem Wurzelballen verpflanzen, die Blüte währt bis in den Herbst hinein. Der Flor wird um so reicher, je öfter man Blüten abschneidet.
Rittersporn (Delphinium ajacis). Gemeint ist der einjährige, halbmeterhohe, dichtgefüllt blühende Einjahrsrittersporn. Er hätte auch schon im Herbst ausgesät werden können.
Kalifornischer Mohn (Eschscholtzia californica). Genügsame, sich noch auf trockenem Sandboden wohlfühlende Pflanze mit fiederteiligen Blättern. Die pastellzarten Blüten erfreuen den ganzen Sommer lang. Man muß diesen Mohn dorthin säen, wo er bleiben soll, denn er läßt sich wegen seiner tiefgehenden Wurzeln nicht verpflanzen.
Atlasblume (Godetia amoena). Sie gehört mit ihren nachtkerzenähnlichen, farbigen Blüten zu den schönsten Einjahrsblumen, die wir überhaupt haben. Godetien werden 50 cm hoch und brauchen einen allseitigen Abstand von 30 cm, aber sie lassen sich verpflanzen. Dabei muß man

jedoch beachten, daß die genaue Standhöhe eingehalten wird. Zu tief oder zu flach verpflanzte Godetien versagen.
Schleierkraut (Gypsophila elegans). Mit seinen winzigen Blüten, die in großen Massen erscheinen, ist das Schleierkraut hinreichend bekannt. Man sät es zwischen die anderen Blumen, auch zwischen Stauden und im Steingarten. Der Flor währt bis etwa August. Deshalb ist Nachsaat im Mai oder im Juli zu empfehlen.
Schleifenblume (Iberis coronaria). Man kennt die Schleifenblume fast nur als winterharte Staude. Die Einjahrsblume ist farbenfreudiger, üppiger.
Wicke (Lathyrus odoratus). Diese farbenfreudigste Kletterpflanze sollte man niemals später aussäen als März. Sonniger Standort und halbwegs gute Erde sind erforderlich.

Auswahl von Einjahrsblumen, die in einem Saatbeet ausgesät werden sollten, das man bei Frostgefahr durch Überlegen von Fenstern usw. schützen kann

Steinrich (Lobularia maritima). Unentbehrlichste Einjahrsblume, die den Sommer über ganze Blütenrasenflächen in weiß und rosa bildet. Vor dem Verblühen mit der Heckenschere kurz geschoren, treibt das Alyssum bald einen zweiten Flor, der bis in den Herbst hinein anhält.
Immortelle (Ammobium alatum). Bekannt wegen der weißen Strohblüten, die in Kränzen und Trockensträußen während des ganzen nächsten Winters halten.
Bärenohr (Arctotis grandis). Ihren Namen hat die Pflanze wegen ihrer weißwolligen Grundblätter bekommen. Sie trägt im August margeritenähnliche, innen weiß und außen hellviolett gefärbte Blüten.
Sommeraster (Callistephus chinensis). Von ihr gibt es die verschiedensten Klassen, früh-, mittel- und spätblühende, einfache, gefüllte, ganz hohe und ganz niedrige Gruppen mit jeweils vielen Sorten. Astern lassen sich, auch noch im Knospenzustand, verhältnismäßig leicht verpflanzen. Wer bunte Sträuße braucht, muß viele Sommerastern haben.
Schmuckkörbchen (Cosmos bipinnatus). Einfacher Korbblütler in zarten Farben und mit feingliedrigem Laub. Man muß entweder Sträuße binden oder die verblühten Blumen sofort abschneiden, um meterhohe und höhere Büsche zu erzielen, die bis tief in den Herbst hinein blühen.
Kokardenblume (Gaillardia pulchella var. picta). Eine einjährige Verwandte der bekannten Stauden-Gaillardia und von dieser kaum zu unter-

scheiden. Die schwarzdunkle Scheibe der sonnenblumenähnlichen Blüte ist von einem breiteren roten Kranz von Blütenblättern umgeben, die an ihren Spitzen in ein helles Gelb übergehen. Daher der Name Kokardenblume.

Sommerzypresse (Kochia scoparia ›Trichophylla‹ – rot; Kochia scoparia ›Childsii‹ – grün). Die Engländer sagen Spottzypresse, die Pflanze mutet wirklich wie eine Parodie auf die Zypresse an. Sie ist von steifem, rundlichem Wuchs und hat feingegliedertes, beinahe nadelartiges Laub. Gestalterisch kann man mit den halbmeterhohen Säulen und Kugeln der Kochia viel anfangen, auch niedrige Hecken sind mit dieser Pflanze zu zaubern. Der besondere Wert liegt in den Kontrasten der beiden Sorten in Rot und Grün.

Gauklerblume (Mimulus luteus). Ein prächtiges Gewächs. Die Blüten haben tiefe Schlünde und sind wildkatzenartig gefleckt.

Ziertabak (Nicotiana in mehreren Arten). Meterhoch und höher werdende Pflanze mit weichen Tabakblättern und mit weißen, gelben und rötlichen duftenden Blüten, die auch nachts geöffnet bleiben.

Zinnie (Zinnia elegans). Es gibt Liliputaner und Riesen unter den Zinnien. Am meisten begehrt sind die ›Kalifornischen Riesen‹ mit Blütendurchmessern bis zu 15 cm. Zusammen mit den Sommerastern gehören Zinnien zu den unentbehrlichen Einjahrsblumen, wenn man viele Sträuße zu schneiden gedenkt. Es muß allerdings bei dieser Pflanze die Einschränkung gemacht werden, daß sie nicht ohne weiteres im März in ein Freilandsaatbeet gesät werden kann. Zinnien sind sehr wärmebedürftig, man muß sie in einem heizbaren Frühbeet, im Gewächshaus oder, wenn Platz genug ist, am Zimmerfenster heranziehen. Eine Aussaat im Freien kann allenfalls ab Mitte Mai in Frage kommen.

Flammenblume (Phlox drummondii). Einjährige Verwandte des bekannten Staudenphlox, niedrigbleibend und unendlich farbenfreudig. Empfehlenswert ist es, Mischungen auszusäen.

Fleißiges Lieschen (Impatiens balsamina). Auch Balsamine oder Springkraut genannt. Es ist eine der seltenen Einjahrsblumen, die sich auch in leichtem Schatten wohl fühlen. Wie schon der Name sagt, ist das Impatiens fleißig im Hervorbringen seiner rosa und lachsroten Blüten. Die Pflanzen sehen in ihrem gleichmäßigen Wuchs und mit der stets ordentlichen reichen Belaubung sehr gut aus.

Löwenmäulchen (Antirrhinum majus). Die bekannte Einjahrsblume gibt es in vielerlei Gruppierungen. Neue Züchtungen stellen richtige Löwenmaultürme dar, es sind wahre Kandelaber von Blüten bis zu 80 cm Höhe, andere bleiben zahmer und werden nur 20 cm hoch.

Studentenblume (Tagetes erecta und Tagetes patula). Es gibt Sorten, die ganz niedrig bleiben und ganz kleine Blüten haben, die sie jedoch unaufhörlich und in Massen hervorbringen; man kann weite Flächen mit ihnen bepflanzen. Andere wachsen zu fast meterhohen, breiten Büschen heran; sie haben gefüllte, große Blüten. Tagetes sind zusammen mit Sommerastern, Zinnien und Löwenmäulchen die Standardsommerblumen schlechthin.

Wichtige Blumen, die im Juni für den Flor im folgenden Sommer ausgesät werden müssen

Gartennelke (Dianthus caryophyllus fl. pl.). Besser als die zur Schnittblumengewinnung angepflanzte Chabaud-Nelke fügt sich die Land- oder Gartennelke in die Blumenbeete ein. Sie hat außerdem den Vorzug, anderthalb Monate früher zu blühen, wenn – und darauf kommt es bei dieser wie bei den übrigen Nelken an – die Aussaat rechtzeitig im Juni erfolgt. Zu den roten Sorten in den verschiedenen Farbabstufungen gibt es schneeweiße Sorten, auch einige rosafarbige. Die Pflanzen remontieren, und sie können für mehrere Jahre im Garten verbleiben.

Bartnelke (Dianthus barbatus). Man meint angesichts dieser Nelken, irgendeine Spielart des Phloxes vor sich zu haben. Etwa 30 bis 50 cm hoch werden die Blütenstiele. Die Grundfarben sind weiß und rot in allen nur möglichen Mischungen.

Federnelke (Dianthus plumarius). Die Blüten sehen aus, als wären sie aus Federn. Da die Federnelke nur etwa 30 cm hoch wird und auch sonst völlig unproblematisch ist, sind ihrer Verwendungsmöglichkeit im Garten keine Grenzen gesetzt. Auch bei dieser Nelke bewegt sich das Farbenspiel zwischen weiß und rot.

Stiefmütterchen (Viola × wittrockiana). Es gibt die winterblühenden Sorten mit kleineren Blüten, deren Flor im Herbst einsetzt. Sodann kommen die bekannten, im Frühjahr blühenden Sorten mit ihren großen Blüten. Stiefmütterchen sind derartig blühfleißig, daß sich die Pflanzen buchstäblich selbst verzehren. Die eigene Anzucht aus Samen ist nur demjenigen zu empfehlen, der den Besitz eines grünen Daumens schon unter Beweis gestellt hat.

Tausendschönchen (Bellis perennis). Das sind ins Riesenhafte gesteigerte Gartensorten unseres Gänseblümchens. Es gibt in dem großen Sortiment eine Fülle von Farben und Blütengrößen.

Vergißmeinnicht (Myosotis sylvatica). Man kennt einmal blühende und jährlich wiederkehrende Arten des Vergißmeinnicht. Frischer, reichblütiger und für den Frühlingsgarten geeigneter sind die einmal blühenden Sorten.
Weitere Blumen für die Aussaat im Juni: Fingerhut, Marienglockenblume, Goldlack.

Kletterer unter den Einjahrsblumen

Wer Drahtzäune schnell bewachsen lassen oder eine grüne Gardine um den Balkon ziehen will, der findet unter den Einjahrsblumen eine Reihe geeigneter Arten.
Japanische Kaiserwinde (Ipomoea imperialis und Ipomoea tricolor). Sie heißt zwar japanisch, hat jedoch einen typisch amerikanischen Charakter: möglichst hoch und möglichst schnell. ›Morning Glories‹ heißt diese Blume in Amerika, denn sie öffnet nur während der kühleren Morgenstunden ihre Blüten. Wenn die Sonne hell scheint, wird sie müde. Auch währt es mit dem Flor der einzelnen, schönen Trichterblüte nicht lange. Nur einen Tag blüht sie. Aber unaufhörlich kommen neue, unzählig viele Blüten, und das einen Sommer lang. Die Pflanze wächst schnell, sie kann ganze Häuser mit grünen Vorhängen versehen, riesige Zäune vermag sie zu verzaubern. Nur braucht sie, um derart wachsen zu können, ein ausgedehntes Wurzelwerk. Sie treibt zunächst recht langsam. Bevor nicht genügend Wurzeln ausgebildet sind, ist mit amerikanischen Wuchsgeschwindigkeiten nicht zu rechnen. Da die Kaiserwinde außerdem frostempfindlich ist, könnte normalerweise eine Aussaat erst im Mai vorgenommen werden. Ihre Vollendung würde die Pflanze dann erst im September erreichen. Deshalb lege man die Samen bereits im März in Blumentöpfe. Die Heranzucht macht keinerlei Mühe. Solange die Pflanzen nicht aufgegangen sind, beanspruchen die Töpfe auch keinen hellen Standort. Dann hat man Mitte Mai schon meterhohe Kaiserwinden mit einem dichten Wurzelballen, und der Spaß kann gleich beginnen.
Duftwicken (Lathyrus odoratus). Am schönsten sind die neuen Cuthbertson-Hybriden, sie haben lange Stiele, und die Blüten sind ansehnlich groß. Duftwicken sollen auf jeden Fall im März angebaut werden, sie brauchen eine nahrhafte Erde, sonnigen Stand und verabscheuen jede Art von Zugluft.
Zierkürbisse (Cucurbita pepo). Das sind die allerlustigsten Kletterpflanzen. Jeder Töpfer und Bildhauer könnte vor Neid erblassen. Alles machen

die langen Kürbisranken selbst: Bischofsmützen und Keulen, wie sie Herkules getragen hat, Eier, Orangen mit Schlangenhäuten, Flaschen, die wie mit Krokodilleder überzogen sind, Türkenbunde, Äpfel, Birnen und Löffel, es macht viel Spaß. Erst sind sie ganz grün, schwarz beinahe. Manche werden schnell gelb. Aber erst im Herbst und nachher im Winter verfärben sie sich zu ihrer ganzen Schönheit. Jahrelang halten sie sich dann in der Schale oder in einem Korb. Oder man schnitzt kleine Gefäße aus ihnen, solange sie noch weich sind. Schon das Wachsen der Pflanze selbst, ihr Herumturnen an Wänden und Spalieren, die tropische Üppigkeit und Kraft ihrer Triebe, alles bereitet viel Freude. Man kann die Bischofsmützen und Herkuleskeulen auch sortenmäßig als Saatgut kaufen. Besser ist eine Mischung, dann bleibt der Überraschungsmoment gewahrt. Diese Zierkürbisse werden am besten ab März in Blumentöpfen herangezogen. Wenn die Frostgefahr im Mai vorüber ist, kommen die Pflanzen ins Freie.

Japanischer Hopfen (Humulus japonicus). Gemeint ist der aus Asien stammende einjährige Zierhopfen. Er feiert einen Sommer lang wahre Orgien in Grün. Ein wilder Wachser ist er, ein ungemein talentierter Begrüner von Zäunen und Mauern. Beinahe ist es ein Glück, daß er im Herbst erfriert. Vielleicht bestünde sonst die Welt bald nur noch aus Hopfen. Aber auch er will im März in Töpfen und Schalen ausgesät sein, damit er im Mai mit dem wilden Wachsen beginnen kann. Für Balkons ist der japanische Hopfen hervorragend geeignet, man muß ihm nur des öfteren einen Dungguß geben.

Glockenrebe (Cobaea scandens). So könnte man eigentlich auch eine Schlange taufen: Cobaea. Und eine Schlange ist dieses Gewächs tatsächlich. Es wird niemanden geben, dem die blaulila dunklen und großen Glocken nicht gefallen. Dabei wächst die Cobaea schnell, und bereits mit ihrem Laub sieht sie hübsch aus. Aussaat ebenfalls ab März in Töpfen oder Schalen.

Kapuzinerkresse (Tropaeolum). Die ganz akkurat geschnittenen runden Blätter sowie die orangeroten Blüten haben die Kapuzinerkresse zu einem begehrten Gewächs gemacht. Sie hat außerdem den Vorteil, noch im Schatten gut zu gedeihen. Man beachte beim Samenkauf, daß es buschig wachsende und kletternde Sorten gibt. Beide sind schön, beide haben ihre Vorteile.

Lilien

Die Lilie hat sich besonders erfolgreich gegen gärtnerische Kreuzungsversuche gewehrt. Vor vierzig Jahren sahen diese Blumen um keinen Deut anders aus als auf Fresken kretischer Tempel vor mehr als drei Jahrtausenden. Erst in neuerer Zeit gelang es, verschiedene Arten miteinander zu kreuzen. Am berühmtesten wurden die Züchtungen des Amerikaners Jan de Graaff in Oregon/USA. Die Sorte ›Enchantment‹ machte in den vierziger Jahren den Anfang einer langen Reihe von Schönheiten, die schlechthin unbeschreiblich sind. Heute gibt es in jedem Jahr weitere Neuheiten, die viele der älteren Sorten immer wieder übertreffen. Manche Lilien werden mannshoch und höher, sie stehen wie farbige Glockenbäume im Garten. Aus unseren Ausstellungen sind die neuen Lilien nicht mehr wegzudenken. Und so kommt es, daß Lilien auch in den Gärten eine immer größere Rolle spielen. An Gehölzrändern, zwischen Farnen und Rhododendron, inmitten niedrig bleibender Stauden und selbst in Bodenteppichen aus kriechenden Zwergmispeln stehen Lilien ganz ausgezeichnet. Mit wenigen Ausnahmen handelt es sich bei den Lilien um Nachfahren von Waldpflanzen. Sie brauchen also einen humosen, beschatteten, kühlen Boden. Dagegen werden die Blüten in voller Sonne am schönsten, was jedoch keineswegs heißen soll, daß sie im leichten Schatten nicht blühen würden.

Die beste Pflanzzeit ist immer dann, wenn nach dem sommerlichen Flor die grünen Blätter braun geworden sind. Das ist bei den meisten Arten im August und im September der Fall. Sofern es darum geht, die Lilien im eigenen Garten von dem bisherigen Standort an einen anderen Platz zu bringen, ist diese Regel gut einzuhalten. Im Handel bekommt man die Zwiebeln aber bestenfalls erst im Oktober. Und wer auf die erwähnten Neuzüchtungen oder auf Importe aus Japan – beispielsweise die prächtigen Goldbandlilien – aus ist, wird mit dem Pflanzen fast immer bis zum Frühjahr warten müssen. Ehe die Zwiebeln in ihren Herkunftsländern geerntet, verpackt und auf die Reise nach Europa gebracht worden sind, wird es meistens Weihnachten. Gewöhnlich werden sie ab Februar im Fachhandel angeboten.

In mancherlei Beziehung bildet die bekannte Madonnenlilie eine Ausnahme. Erstens handelt es sich dabei nicht um eine Waldpflanze. Madonnenlilien finden wir sogar am Rand sonniger Weinberge. Man möchte nicht meinen, daß sich unsere Blume in dem schotterigen Boden wohl fühlt. Manchmal sind die großen Zwiebeln nur ganz dünn mit Erde bedeckt. Die meisten Lilien stecken mit den Zwiebeln tief im Erdreich, weil

sich an den nach oben wachsenden Stielen noch zusätzliche Wurzeln bilden. Bei der Madonnenlilie ist dies nicht der Fall. Entsprechend wird auch im Garten die Zwiebel nur flach gepflanzt.

Zum anderen blüht eine Madonnenlilie im ersten Jahr nur dann, wenn sie bereits im Herbst ihre unterste Blattrosette ausgebildet hat. Man muß also auf diesen Blätterkranz achten, wenn die im Oktober-November gepflanzte Madonnenlilie im ersten Gartenjahr blühen soll. Aus diesem Grund wird man Madonnenlilien fast nur im Herbst bekommen. Hier und da gibt es allerdings Fachgeschäfte, die sie in Blumentöpfen oder modernen Containern auch im Frühjahr anbieten.

Beim Verpflanzen und beim Neupflanzen von Lilien gelten einige Regeln. Zunächst einmal vergleiche man die Zwiebeln von Lilien mit denjenigen von Tulpen, Narzissen, Hyazinthen und anderen Blumen. Die Lilienzwiebel ist ganz locker aus kleinen oder größeren Blattschuppen zusammengesetzt und von keiner schützenden Hülle umgeben. Infolgedessen ist die Gefahr sehr groß, daß die Zwiebeln in kurzer Zeit in Sonne und Wind ausdörren. Während man andere Blumenzwiebeln ohne weiteres über die Pflanzfläche streuen und dort zwei Stunden liegen lassen kann, geht das mit Lilien keineswegs. Bereits in einem gut geführten Fachgeschäft werden Lilien stets in Torf eingeschlagen oder entsprechend feucht liegen. Diesen Torfeinschlag behalte man bei, bis die Zwiebel ins Pflanzloch kommt. Ein Karton oder ein Kistchen mit feuchtem Torf, der aber nicht patschnaß sein soll, bekommt ihnen gut.

Mit Ausnahme der Madonnenlilie sollen Lilienzwiebeln tief genug in die

Erde kommen, zwanzig Zentimeter sind nicht zu viel. Wie vermerkt, bilden die meisten Arten zusätzliche Stengelwurzeln, deren Tätigkeit dem Wachsen und Blühen zugute kommt. Bei Lilien achte man immer wieder darauf, daß die obere Bodenschicht mit Nährstoffen angereichert wird. In schweren, lehmigen und tonigen Böden soll man etwas Besonderes tun, damit sich Lilien wohl fühlen. Am besten gräbt man den Boden zwei Spatenstiche tief auf und bringt ganz unten eine Schicht Kies oder Schlacke ein. Wenn sich nämlich unterhalb der Lilienpflanzung Nässe staut, wird man an den Blumen keine lange Freude haben. Zumindest soll man unten in das entsprechend tief ausgehobene Pflanzloch eine Schaufel Sand schütten.

Lilien beläßt man am besten lange Jahre an derselben Stelle im Garten. Damit sie weiterhin üppig gedeihen, blühen und sich vermehren, gräbt man von Zeit zu Zeit – also etwa alle drei Jahre – etwas Erde ab und ersetzt sie durch ausgeruhten, gedüngten und nährstoffhaltigen Boden. Den größten Erfolg ergibt eine zusätzliche alljährliche Düngung. Man streue kurz nach dem Austrieb im Frühjahr und kurz vor Blütenbeginn je Quadratmeter eine Handvoll Blaukorndünger aus.

Es würde den Rahmen dieses Buches sprengen, hier auf die modernen Varietäten einzugehen, die noch dazu in jedem Jahr mehr werden. Von den vielen bekannten Lilienarten seien diejenigen empfohlen, die sich am meisten bewährt haben und die ausnahmslos im Fachhandel erhältlich sind.

Königslilie (Lilium regale). Eine sehr robuste, in jeder Beziehung starke und kräftige Lilienart, von der mit vollem Recht gesagt werden kann, daß es eine königliche Blume ist. Aus gelbem Herz entfaltet sich der glänzendweiße Blütenkelch mit seinen langen, gelben Staubgefäßen. Außen ist die Blüte karminrot überhaucht. Zudem hat sie einen betörend süßen Duft. Besonders schön steht die Königslilie in Gesellschaft von roten Kletterrosen und blauen Rittersporen.

Madonnenlilie (Lilium candidum). Zweifellos die berühmteste aller Lilien. Bereits auf mittelalterlichen Muttergottesbildern ist sie dargestellt. Sie ist reinweiß, hat etwas unendlich Frommes in ihrem Wesen und erfreut sich demzufolge einer großen Beliebtheit. Sie wird am besten gleich nach der Blüte verpflanzt und bildet dann eine dem Boden aufliegende Blattrosette, aus der im kommenden Jahr der Blütenschaft herauswächst.

Goldbandlilie (Lilium auratum). Die prächtigste aller Lilien. Ihr Blütendurchmesser beträgt zuweilen 25 Zentimeter und mehr. Über die dunkel bepunkteten, etwas gewellten Blütenblätter zieht sich – wie schon der Name sagt – ein goldenes Band. Bei hoher Luftfeuchtigkeit und einem etwas sauren Boden, wie ihn der Rhododendron schätzt, kann diese Lilie zu einem Dauergast im Garten werden.

Tigerlilie (Lilium tigrinum). Sie gehört zum unentbehrlichen Bestand des sommerlichen Blumengartens, ist sehr anspruchslos und mit ihren raubkatzenhaft gefleckten Blüten von großer Schönheit. Ungestört muß die Tigerlilie am gleichen Gartenplatz belassen werden. Dann vermehrt sie sich schnell und bildet im Lauf der Jahre große, dichte Büsche, die Anfang August mit ganzen Blütenmassen übersät sind.

Türkenbundlilie (Lilium martagon). Diese in unseren Wäldern beheimatete Lilie mit ihren nickenden Blüten, deren Blattzipfel eigentümlich nach oben umgeschlagen sind, bedarf keiner weiteren Beschreibung. Wer einen lockeren, kalkhaltigen Boden hat, sollte nicht versäumen, einige Türkenbundlilien zu pflanzen. – Man frage einmal nach den de Graaff-Sorten, die auf Lilium martagon und Lilium hansonii zurückgehen.

Lilium davidii. Für sie gibt es noch keinen deutschen Namen, da diese Lilie aus unerklärlichen Gründen nicht häufig anzutreffen ist. Dabei handelt es sich um eine der anspruchslosesten Arten, die in humosem Boden und in voller Sonne übermannshohe Blütenstände treibt, schellenbaumähnlich mit einer Fülle von Türkenbunden besetzt.

Feuerlilie (Lilium bulbiferum). Auch über diese im Alpenvorland beheimatete Lilie braucht kein Wort gesagt zu werden, denn sie gehört wie Madonnenlilie und Türkenbund seit jeher zu den beliebtesten Blumen unserer Gärten. Nur pflanze man die Feuerlilie nicht in Blumenrabatten, denn sie ist selbstbewußt und wird am schönsten, wenn sie konkurrenzlos und allein, etwa auf einer Rasenfläche, ihre Schönheit entfalten kann.

Dahlien

Es gibt Dahlienblüten klein wie ein Daumennagel. Es gibt aber auch Dahlienblüten, unter denen sich ein Suppenteller verstecken läßt. Bei manchen Dahlien muß man sich hinknien, um die Blüte zu betrachten. Bei anderen Sorten genügt es nicht einmal, sich auf die Zehenspitzen zu stellen. Wir kennen Dahlien mit nur einem einzigen Blütenblätterkranz. Andere haben mehr Blütenblätter, als ein Igel Stacheln hat. Farben gibt's, so viele Farben gibt's gar nicht. Und gegen das Talent der Dahlien, immer wieder neu und anders zu erscheinen, ist die Pariser Haute Couture ein Waisenhaus. Deswegen sprechen die Gärtner auch von der veränderlichen Dahlie, der Dahlia variabilis.

Es wäre ermüdend, sich mit einzelnen Sorten zu befassen. In jedem Jahr kommen neue Namen auf den Markt. Prämierungen und Wahlen der verschiedenen Dahlienköniginnen gehören zum festen Programm des Gartenlebens in jedem Jahr. Der Namenswirrwarr wird noch durch die Einfuhren aus Holland und anderen Ländern vermehrt. Bei fast allen Publikumsabstimmungen stellt sich jedoch heraus, daß die zweifarbigen Sorten am begehrtesten sind, allen voran die roten Dahlien mit weißen Blütenblattspitzen. Die Auswahl der richtigen Pflanzen wird in den modernen Fachgeschäften durch farbige Porträtaufnahmen der jeweiligen Sorte erleichtert. Auch die Kataloge, die noch im Winter von den Versandgeschäften verschickt werden, geben über Formen und Farben gute Auskunft.

Modische Trends sind gerade bei Dahlien leicht zu beobachten. Noch im Sommer 1973 spekulierten die Fachleute auf der Internationalen Gartenbau-Ausstellung in Hamburg, daß die »Dahlie des Jahres« kräftige, klare Farben haben würde. Schließlich wurde es eine Dahlie in zartem Rosa, die das Publikum auf der Insel Mainau zur Dahlienkönigin des Jahres 1973 wählte; und die alljährliche Wahl auf der Mainau darf durchaus als repräsentativ für den Zeitgeschmack angesehen werden.

Weniger über die Sorten als über die verschiedenen Klassen der Dahlien muß man etwas wissen, will man sie im Garten anpflanzen. Denn mit zu groß werdenden Büschen kann in ein Sommerblumenbeet viel Unruhe hineingebracht werden.

Mignondahlien werden allenfalls 50 cm hoch, weshalb sie für Sommerblumenbeete gut geeignet sind, man pflanzt sie zuweilen gar in Balkonkästen. Alle Sorten – und sie sind farbenfroh ohnegleichen – sind äußerst reichblütig, sofern man nicht versäumt, die verblühenden Blumen abzuschneiden.

Einfache Dahlien sind von den Mignondahlien nur dadurch zu unterscheiden, daß sie in den Blüten und auch im Wuchs etwas größer werden. Beide Klassen lassen sich übrigens leicht aus Samen heranziehen, doch kommt man mit Knollen weiter.

Halskrausendahlien. Bei ihnen ist der äußere Blütenblätterkranz durch einen kleineren Kranz von Zungenblüten halb überdeckt.

Duplexdahlien. Das ist bereits eine Übergangsform zu den allbekannten großblütigen Dahlien. In der Mitte der aus zahlreichen Zungenblüten bestehenden Blume ist die gelbe Mitte des Blütenbodens noch zu sehen.

Kaktusdahlien. Bei ihnen sind wie bei einem Kaktus die spitzen Zungenblüten über den ganzen Blütenboden verteilt, es sind die berühmtesten aller Dahlien.

Kaktus-Hybrid-Dahlien. Bei den Sorten dieser Klasse sind die Zungenblüten nicht mehr so spitz und so eng geröhrt, sie falten sich teilweise bereits leicht auseinander.

Schmuckdahlien haben breitblättrige Zungenblüten, wodurch die Farbenpracht dieser Sorten am größten ist. Auch in den Ausmaßen der einzelnen Blüten bringen es die Schmuckdahlien am weitesten. Wenn vorhin von einem Suppenteller die Rede war, der sich unter den Blüten einzelner Dahlien verstecken läßt, dann war damit die Blüte einer Schmuckdahlie gemeint.

Ball- und Pompondahlien sind hübsche Erinnerungen an Großmütterchens Gartenzeit. Bedingt durch die kurzen, gedrängt sitzenden Zungenblüten entstehen regelrechte Halbkugeln und Bälle von akkurater Ebenmäßigkeit.

Wer Dahlien zwischen andere Sommerblumen pflanzen will, der sollte sich auf die Mignondahlien, die Einfachen Dahlien, allenfalls noch auf die Halskrausendahlien beschränken. Alle übrigen Klassen sind mehr für die Gewinnung von Schnittblumen geeignet, sie sollten auf einem gesonderten Beet stehen.

Anregungen für die Sortenwahl gibt es in öffentlichen Gärten und auf Gartenschauen. Man muß jedoch wissen, daß Dahlien auf Ausstellungen fast ausnahmslos aus Stecklingen herangezogen werden. Diese Stecklingspflanzen haben die Eigenart, im ersten Jahr niedriger zu bleiben, als im darauf folgenden Jahr, wenn sie aus den inzwischen gebildeten Knollen herauswachsen. Man darf sich also vom Höhenwuchs der Ausstellungsdahlien nicht täuschen lassen.

Dahlien kann man alljährlich aus Stecklingen heranziehen. Im Laufe des Sommers entwickelt sich dann im Erdboden die längliche Knolle. Oben auf dieser Knolle sind im Herbst kleine Pünktchen zu erkennen: die Triebknospen für das nächste Jahr. Für den Hausgarten lohnt sich die Anzucht aus Stecklingen indessen nicht, man kauft sich besser die fertigen Knollen.

Die Knollen einer Pflanze werden von Jahr zu Jahr immer dicker, größer und zahlreicher. Manchmal sind die gebündelten Knollen einer einzigen Dahlienstaude im Herbst so schwer, daß man sie nur mühsam aus dem Boden herausbekommt. Es ist jedoch falsch, anzunehmen, daß derart große Knollenbündel mit entsprechend vielen Triebaugen die schönsten Büsche und meisten Blüten hervorbringen. Es hat sich erwiesen, daß Dahlien immer dann am schönsten werden, wenn die Pflanzknollen nicht mehr als sechs bis acht Triebaugen haben. Man teilt die zu großen Knollen also, sie lassen sich mit etwas Geduld ganz leicht auseinandernehmen.

Dahlien gedeihen überall, wo sie in voller Sonne stehen. Im Schatten von

Häusern und Bäumen, deren Wurzeln die Pflanzen noch dazu behindern, wird man an Dahlien keine helle Freude haben. An den Boden werden keine sonderlichen Ansprüche gestellt, die normale Gartenerde genügt. Man sollte darauf achten, daß im Herbst je Quadratmeter eine Schaufel voll Thomasmehl und Kali ausgestreut und untergegraben wird. Ein flotteres Wachstum läßt sich auch durch entsprechende Aufbereitung der Pflanzerde erzielen. Man nimmt entweder Kompost oder vermischt die ausgehobene Erde mit einem Humusdünger. Damit es später nicht zu Verletzungen der Knollen kommt, werden die Haltestäbe vor dem Einpflanzen gesteckt. Die Knollen kommen so tief in die Erde, daß die Triebaugen eine Handbreite mit Erde bedeckt sind. Der eingefüllte Boden wird fest angedrückt, ein Gießrand gemacht und dann gewässert.

Wenn es beim Austrieb sehr feucht ist, soll man auf Schnecken achten. Junges Dahlienlaub scheint für diese Tiere eine Delikatesse zu sein. Einfach auszubringende und wirksame Mittel gegen Schnecken gibt es in den Fachgeschäften. Man kann aber auch flache Schüsseln randtief in den Boden eingraben und sie mit Bier füllen. Bier wird von den Schnecken noch mehr als junges Dahlienlaub geschätzt, und darin ertrinken sie dann.

Den dicken Stielen und vielen Blättern der aufwachsenden Dahlien ist anzusehen, daß sie nicht nur gut ernährt werden müssen, sondern auch viel Wasser verbrauchen. Trockenheit wird vor allem in den Wachstumszeiten der ersten beiden Monate nicht vertragen. In dieser Zeit ist es außerdem nützlich, die Dahlien zweimal in Abständen von vier Wochen zu düngen. Eine knappe Handvoll Blaukorn-Volldünger je Quadratmeter bewährt sich durchaus, sofern das Land nicht durch die Herbstdüngung über viel Stickstoff verfügt. Zu viel Stickstoff im Boden würde den Krautauswuchs zum Nachteil der Blüten begünstigen.

Das Blühen beginnt zuweilen schon im Juli und nimmt in den folgenden Wochen zu. Die Dahlie ist eine sogenannte Kurztagpflanze. Sie empfängt ihren Blühreiz von den kürzer werdenden Tagen ab Anfang August. Mit dem ersten Nachtfrost im Oktober endet die Dahlienpracht. Die Büsche stehen dann eines Morgens so schwarz im Garten, als trügen sie einen Trauerflor. Weil stärker werdende Fröste den Wurzeln schaden könnten und der Anblick ohnehin unerfreulich ist, soll man die Knollen alsbald mit der Grabegabel aus dem Boden herausnehmen. Die Stiele schneidet man bis auf einen Rest von 10 Zentimetern zurück. Die Knollen trocknen in der Sonne ein paar Stunden ab und kommen dann in den Keller.

Am besten überwintern sie, wenn sie in leicht angefeuchtetem Torf eingeschichtet werden. Leider ist es in den meisten Kellern unserer modernen

Häuser zu warm. Die Überwinterungstemperaturen sollten nicht über 8 Grad Celsius liegen und die Temperatur von 4 Grad Celsius nicht unterschreiten. Vielfach steht für die Überwinterung nur eine Torfkiste in der Autogarage zur Verfügung, deren Tür allerdings in Frostzeiten geschlossen bleiben muß.

Es gibt Seerosen auch für Wassertiefen von nur 30 cm. Doch hat man nur dann seine Freude an diesen Schönheiten, wenn das Wasser in voller Sonne liegt.

Aus dem Füllhorn des Herbstes. Wenn es etwas zu ernten gibt, macht ein Garten am meisten Spaß.

Winterharte, wiederkehrende Stauden

Bekanntlich unterscheidet man zwischen holzartigen und krautigen Pflanzen. Eine krautige Pflanze, die winterhart ist und in jedem Jahr wiederkehrt, ist für den Gärtner eine Staude. Strenggenommen handelt es sich auch bei Rhabarber, Meerrettich und Schnittlauch um Stauden. Doch nach dem allgemeinen Sprachgebrauch versteht man darunter nur Gewächse, die zur Zierde angepflanzt werden. Aber auch dies ist nicht ganz richtig. Denn Schneeglöckchen, Krokusse und Wildtulpen, Lilien, Safrane und die Herbstzeitlose sind ebenfalls zierende, winterharte und wiederkehrende krautige Pflanzen, aber man zählt sie trotz dieser Eigenschaften zu den Zwiebelgewächsen.

Wahrscheinlich gehen diese Einteilungen auf die gärtnerische Praxis zurück. Was aus Zwiebeln und Knollen herauswächst, kommt meist aus Holland. Dagegen werden die übrigen Stauden bei uns zulande in den Staudengärtnereien vermehrt und herangezogen. Eine Untergruppe der Stauden stellen die Farne dar. Es folgen die winterharten Gräser und die Sumpf- und Wasserpflanzen.

Wer sich gern botanisch ausdrückt, bezeichnet alle diese Gewächse als »Perenne«. Das Wort kommt aus dem Lateinischen und bedeutet soviel wie ausdauernd, wiederkehrend. Es gibt viele perennierende Pflanzen, die dem Garten treu bleiben, in jedem Frühjahr zeitig zur Stelle sind und sich im Laufe der Jahre vermehren. Zwischen März und November braucht es in einem halbwegs bedächtig angelegten Garten keinen einzigen Tag ohne Staudenblüte zu geben. Und wenn sich der Winter nicht gar zu ernst nimmt, dann ist selbst in der dunkelsten Jahreszeit manche Kurzweil zu erleben. Zumindest sind die Farben der Gräser ein erfreulicher Anblick, und die Christrose der Sorte ›Praecox‹ fängt in milden Wintern spätestens im Dezember zu blühen an.

Kurz gesagt, es handelt sich bei den Stauden um die schönsten bei uns winterharten, immer wiederkehrenden Pflanzen aus den Gebirgen und Waldrändern, den Tälern, Wiesen, Steppen, Sümpfen und Gewässern der ganzen nördlichen Erdhälfte. In Anbetracht der Beständigkeit dieser Pflanzen, ihrer Vielfalt und Blütenfülle ist es kein Wunder, daß Stauden die begehrtesten Pflanzen in unseren Gärten sind, an Beliebtheit allenfalls noch von den Rosen übertroffen. Die Vorfahren zahlreicher Gartenstauden leben noch heute wild in unseren Wäldern und Wiesen.

Eine der am zeitigsten blühenden Pflanzen draußen in der freien Natur ist die Schlüsselblume. Wer diese Schlüsselblume einmal vorsichtig ausgräbt, wird einen kurzen, reich bewurzelten Stamm finden. Reste von Blättern sind ebenfalls an diesem unterirdischen Stamm, auch Wurzelstock genannt, zu sehen. Am oberen Ende dieses Wurzelstockes ist die blühende Schlüsselblume herausgewachsen, während das andere Ende der dicken Wurzel mehr und mehr zerfällt. Nur durch diesen Wurzelstock, in dem bereits im Vorjahr ausreichend Nährstoffe eingelagert worden sind, kann die Schlüsselblume unmittelbar nach der Schneeschmelze wachsen und blühen.

Die Schlüsselblume, die übrigens süß duftet, hat den botanischen Namen Primula veris bekommen; früher, als sie noch als Heilpflanze verwendet wurde, hieß sie Primula officinalis. Sie hat mehrere Verwandte in unserer Flora, von denen in diesem Zusammenhang die höhere, sattgelbe und kaum duftende Primula elatior interessiert. Von ihr stammen nämlich unsere bekanntesten, im Frühling blühenden Gartenhimmelsschlüssel ab. Die Gärtner haben sich nicht damit begnügt, die Primula elatior unserer Laubwälder zu vermehren. Im Laufe der Zeit ist es ihnen gelungen, die Pflanzen kräftiger und die Blüten größer und farbiger zu machen. Am weitesten brachte man es mit Primula elatior grandiflora ›Pacific‹. Die Blüten in Weiß, Gelb, Rot und Blau haben Durchmesser von 3 Zentimetern. Dennoch wurde trotz dieser Steigerungen die Idee der Natur – die Primula elatior – nicht verfälscht, wie das bei manchen anderen Pflanzenzüchtungen, etwa den gefüllten Alpenveilchen, der Fall ist.

Mit dieser Wildprimel und ihren prächtigen Gartensorten sind wir noch nicht am Ende. Es gibt mehrere Arten der Schlüsselblume in unserer Flora. Am bekanntesten ist die Aurikel der Alpen. Hinzu kommt die Verwandtschaft vor allem aus Ostasien. Von manchen dieser Arten gibt es Farbvarietäten, also Sorten. Beim Vergleich der verschiedenen botanischen und deutschen Namen in den Staudenkatalogen wird man leicht verwirrt. Machen wir es uns einfacher. Es gibt für den Frühlingsgarten drei große Gruppen. Einmal die Kissenprimeln, sie liegen im März ja wirklich wie bunte Steckkissen neben den Gartenwegen. Dann kommen die Doldenprimeln, zu denen unsere Primula elatior und ihre Nachkommenschaft gehört; sie haben mehr oder weniger locker aufgebaute Blütenstände. Und schließlich folgen jene Primeln, deren Blüten in runden Kugeln zusammensitzen, weshalb man sie als Ballprimeln bezeichnet. Nur der Voll-

ständigkeit halber sei erwähnt, daß es noch zwei im Sommer blühende Primelgruppen gibt, die Etagenprimeln und die Glockenprimeln.
Wer diese Schlüsselblumen im Garten blühen läßt und die Blüten nicht abschneidet, so daß sie Samen ausbilden können, der wird bald von einer zahlreichen Nachkommenschaft beglückt sein. Andererseits bestocken sich die Pflanzen, sie wachsen allmählich zu immer breiteren Horsten heran, die man aus dem Boden nehmen und leicht in viele Jung-Primeln zerteilen kann. Dies sollte man sogar unbedingt alle zwei bis drei Jahre tun, weil die allzu üppig bestockten Pflanzen nicht mehr so reich blühen. Erfolgt dieses Zerteilen und erneute Einpflanzen unmittelbar nach der Blüte, wachsen die Jung-Primeln bis zum Herbst noch zu stattlichen Stauden heran, die im nächsten Frühjahr bereits reich blühen.
Mit den ersten Schlüsselblumen im März erblüht eine weitere Staude, das Veilchen. Wer die Pflanze ausgräbt, der wird ebenfalls einen Wurzelstamm mit zahlreichen Nebenwurzeln finden. Ohne die Speicherstoffe in diesen Wurzeln wäre ein so zeitiges Wachsen und Erblühen nicht möglich. Nach der Blütezeit wachsen aus den Achseln der äußeren Blätter kleine Triebe heraus, die dem Boden aufliegen. An den Enden dieser Triebe, die sich an den Stengelknoten bewurzeln, entstehen Jung-Veilchen. So kommt es, daß ganze Gartenpartien allmählich von Veilchen überwachsen werden, sofern sie den richtigen Boden und ein gedämpftes Licht vorfinden.
Aber durchaus nicht alle Stauden bilden fleischige Wurzelstöcke aus. Unbedingt nötig ist dies ja auch nur bei sehr zeitig blühenden Pflanzen. Wenn sie ohnehin erst im Sommer oder im Herbst in ihren Flor kommen, ist ja Weile genug, mit den langsam heranwachsenden Blättern die erforderlichen Nährstoffe aufzubereiten. Einige Stauden gar haben überhaupt keine nennenswerten Wurzeln, mit denen sie Wasser aufnehmen könnten.
Am bekanntesten von diesen Außenseitern ist die Hauswurz, Dachwurz oder Donnerwurz, Sempervivum tectorum; auf deutsch: immer und auf Dächern lebend. Das dickfleischige Gewächs mit seinen gedrängt sitzenden Rosetten ist früher gern auf Strohdächern angesiedelt worden, weil man meinte, damit den Blitz abwehren zu können. Noch heute findet man ganze Kolonien des Sempervivum auf Mauern und steinernen Torpfeilern ländlicher Hofeinfahrten. Die von einer dicken Außenhaut umgebenen hartfleischigen Blättchen der Donnerwurz liegen schuppenartig und so dicht übereinander, daß kaum Wasser verdunsten kann. Gleichzeitig können durch die zahlreichen haarfeinen Fugen Regen und Taufeuchtigkeit ins Innere der Pflanze eindringen. Die Donnerwurz gehört übrigens zu

den beliebtesten Stauden für Steingärten, für Tröge oder kleine Tonschalen. Auf kleinstem Raum kann man eine ganze Sammlung unterbringen. Es gibt allerlei Arten und Sorten in wechselnden Farben. Besonders gefallen die sogenannten Spinnwebhauswurze, deren Rosetten von feinen silbrigen Fäden übersponnen sind.

Das Extrem zur Donnerwurz sind Schwimmpflanzen, die man nur ins Wasser zu werfen braucht, wo sie alsbald ihre fröhliche Wucherei anfangen. Zwischen diesen Extremen gibt es so zahlreiche Übergänge, daß sie sich kurz gar nicht beschreiben lassen.

Man kann mit Stauden einen dauernd in den Farben wechselnden Teppich in den Garten legen, der allerdings nicht so strapazierfähig wie ein Rasen aus Gräsern ist. Stachelnüßchen, Fiederpolster, Grasnelken und Thymian, Veronica und niedrige Gänsekresse sind Beispiele für weitere dafür geeignete Pflanzen.

Wer den Boden unter seinen Blütensträuchern oder auf schwierig zu bearbeitenden Hängen von Stauden wie Haselwurz, Waldmeister, Elfenblumen, Schaumkraut, Immergrün, von Schattensteinbrech, Waldsteinien, geeigneten Staudengräsern und Farnen überwachsen läßt, wird keine Last mit dem Unkraut haben.

Wer möchte an Wegrändern, auf Mauerbeeten und in den Fugen von Steinen auf die bunten Polster von Blaukissen, Schleifenblumen, Steinphlox, Gänsekresse und auf andere Bergstauden wie Nelken, Enzian, Fetthenne und Alpenastern verzichten.

Wo es unter Bäumen und entlang der Grenzhecke etwas schattig ist, da gedeihen Anemonen, Akelei, Astilben mit ihren federleichten und farbenfrohen Blütenständen, das Tränende Herz im Frühjahr, der Fingerhut im Sommer und die Silberkerze im Herbst nebst zahlreichen sonstigen Stauden und Gräsern.

Am wichtigsten schließlich sind die altbekannten, sommerlang blühenden Stauden für Blumenbeete und Rabatten, die Margeriten und Päonien sowie die Schwertlilien im Mai, gefolgt von den weithin leuchtenden blauen Rittersporne, den duftenden Phloxen, dem bernsteinbraunen Helenium, von der unaufhörlich bis in den Herbst hinein blühenden Taglilie, von Orient-Mohn, Astern aller möglichen Arten und von koreanischen Chrysanthemen.

Nahezu unmöglich ist es, aus der Fülle von über tausend Namen eine Empfehlung zu geben. Man muß schon sehr genau Bescheid wissen, um sich selbst in den besten Katalogen zurechtzufinden. Deshalb habe ich einmal mit den führenden Staudengärtnern Deutschlands ein Sortiment derjenigen Pflanzen zusammengestellt, die sich am meisten bewährt haben und allen Ansprüchen genügen dürften. Das hübsch gedruckte Flugblatt mit diesen Auserwählten ist auf verschiedenen Bundesgartenschauen verteilt worden. Ich kenne Gartenbesitzer, die sich akkurat daran gehalten haben – und sie sind sehr zufrieden gewesen.

Drei Dutzend verschiedene Stauden, auf die nicht zu verzichten ist

Christrose (Helleborus), blüht noch im Winter, immergrün. Lehm. Halbschatten.
Blaukissen (Aubrieta), farbige Polster im Frühling.
Steinphlox (Phlox subulata), karminrote Polster im Frühling.
Gänsekresse (Arabis), weiße Polster im Frühling.
Schleifenblume (Iberis), weiße Flächen im Frühling, immergrün.
Steinkraut (Alyssum), strahlend gelb im Frühling.
Primeln (Primula), Kissenprimeln und Stengelprimeln für den Frühlingsflor.
Tränendes Herz (Dicentra), blüht im Frühling rosarot.
Akelei (Aquilegia), es gibt hohe und niedrige Sorten.
Maiglöckchen (Convallaria), unter Sträuchern ansiedeln.
Gemswurz (Doronicum), im März und April.
Schwertlilie (Iris), mit allen Regenbogenfarben im Mai.
Lupine (Lupinus), mit kräftigen Farben im Mai.
Pfingstrose (Paeonia), gefüllte und einfache Sorten.
Rittersporn (Delphinium), König der Stauden, blaue Blütentürme.
Phlox, bunt und duftend von Sommer bis Herbst.
Sommermargerite (Chrysanthemum maximum), weiße Sterne bis zum Herbst.
Feuermohn, hellgrüne Blätter, knallrote Blüten.
Helenium, Blütenfarben von Gold, Bernstein, Mahagoni, duftend bis in den Herbst.
Sonnenauge (Heliopsis), mit Unmengen kleiner Sonnenblumen.
Sonnenhut (Rudbeckia), mit hundert Mini-Hüten.
Schleierkraut (Gypsophila), duftige Blütenschleier für den Sommer.
Nelken (Dianthus), ohne Kommentar.
Lilien, Madonnen-, Feuer-, Königs-, Tigerlilien und Türkenbunde.
Astilben, mit federigen Blüten in allen Rosenfarben.
Taglilie (Hemerocallis), jeden Tag neue Blüten, oft 500 im Sommer.

Trollblume (Trollius), mit buttergelben Kugelblüten.
Goldgarbe (Achillea), gelbe Blütenteller, gefiedertes Laub und sommerlange Blüte.
Nachtkerze (Oenothera missouriensis), über Mauern hängend, leuchtendgelb.
Eisenhut (Aconitum), blaue Blüten im Hochsommer, auch im Halbschatten.
Astern, kugelige und höhere Blütenbüsche im Sommer und Herbst.
Winteraster (Chrysanthemum), Farbenfreude bis St. Nikolaus.
Glockenblume (Campanula), hoch und niedrig in vielen Arten.
Salbei (Salvia), Dauerblüher für sonnige Plätze.
Anemonen, mehrere Arten für Frühling und Herbst.
Silberkerze (Cimicifuga), Herbstblüher im Halbschatten mit übermannshohen Blütenkerzen.

Stauden zur Einzelstellung

Junkerlilie (Asphodeline lutea). Blaugrüne Grundrosette wie eine Riesennelke. Und dann die Blüten! Goldgelbe Trauben an meterhohen, starken Stielen.
Kugeldistel (Echinops ritro). Schöngeschnittene Blätter mit silbernen Unterseiten. In mehr als Meterhöhe stahlblaue Blütenkugeln wie Tennisbälle so groß.
Steppenkerze (Eremurus, in mehreren Arten). Rosa, weiße und gelbe Blütenkerzen, mannshoch und höher. Stauden mit bester Fernwirkung.
Edeldistel (Eryngium). Wächst zu undurchdringlichen Horsten heran. Runde und längliche Blütenköpfe in Stahlblau oder Silber. Gut für Trokkensträuße im Winter!
Fackellilie (Kniphofia). Schilfartige Blätterbüsche. Bis meterhohe Stiele mit ährenartig gedrängt sitzenden Blütenglocken in Feuerfarben.
Königskerze (Verbascum, in mehreren Arten und Sorten). Große Blattrosetten, teilweise silberwollig. Blütenrispen hellgelb und bernsteinfarbig, bis übermannshoch.
Palmlilie (Yucca filamentosa). Südländisch anmutend. Anderthalb Meter hohe Glockentürme voll silberweißer Blüten.

Kleinstauden für die Sonne

Schafgarbe (Achillea ageratifolia). Polsterförmig, das silbergraue Laub duftet aromatisch, blüht weiß von Mai bis Juli.

Katzenpfötchen (Antennaria). Silbergrauer Teppichknüpfer, fast ohne Wasserdurst, rote oder weiße Blüte im Mai.

Steinkraut (Alyssum). Graugrüne Polster, goldgelber Flor von April bis Juli.

Mannsschild (Androsace sarmentosa). Silbergraue Rosetten, die sich schnell ausbreiten, blüht rosa im Mai und Juni.

Kuhschelle (Pulsatilla vulgaris). Feinfiedriges Laub, wollig umhüllte lila Blüten im April und Mai, bärtige Samenstände.

Gänsekresse (Arabis). Grüngraue und teilweise immergrüne Polster, Blüten weiß bis dunkelrosa im April und Mai.

Grasnelke (Armeria). Grasartige Blätterschöpfe mit Blüten in Weiß, Rot und Rosa von April bis Juni.

Edelraute (Artemisia). Niedriges Silbergespinst mit Blüten im Juli und August.

Blaukissen (Aubrieta). Bildet ganze Blütenschwärme an Steinmauern und Wegrändern in roten, blauen, lila und rosa Sorten während der Monate April und Mai.

Silberdistel (Carlina acaulis). Tellergroße Blüte fast am Boden, wie aus Holzspänen gebastelt.

Nelke (Dianthus caesius und Dianthus deltoides, in Sorten). Blätter grün bis blaugrau. Blüten im Mai und Juni in Farben Weiß bis Rot.

Hungerblümchen (Draba). Moosartiger Polsterwuchs, auch im Winter grün, blüht gelb von April bis Mai.

Enzian (Gentiana, in frühjahrs- und sommerblühenden Arten). Wozu weitere Worte!

Silberwurz (Dryas). Eigentlich ein winziges Gehölz, das Teppiche bildet, lederige Blätter und federartige Fruchtstände hat. Blüht von Mai bis September.

Storchschnabel (Geranium). Hübsche Kleinstaude mit rosa und roten Blüten im Juni und Juli.

Schleierkraut (Gypsophila repens ›Rosea‹). Es kriecht und verschleiert sich rosa.

Sonnenröschen (Helianthemum). Blüten in Weiß, Gelb, Rosa, Rot von Juni bis September, Zwergsträucher mit Polsterwuchs.

Schleifenblume (Iberis). Kriechende, immergrüne Halbsträucher, weiße Blüte im April und Mai.

Zwergschwertlilie (Iris pumila). Bitte wörtlich nehmen: ein Pummelchen von Iris, sie blüht blau, gelb und weiß im April und Mai.
Alpenmohn (Papaver). Hat blaugrüne Blätter und Blüten in allen Pastellfarben von Juni bis September, sät sich selbst aus.
Fingerkraut (Potentilla). Blankgrüne Polster, gelber Blütenflor im Mai und Juni.
Mauerpfeffer (Sedum, in vielen Arten und Sorten). Blütenfarben zwischen Weiß, Gelb, Rosa und Rot vom Frühling bis zum Herbst. Besonders anspruchslos.

Kleinstauden, die auch ein klein wenig Schatten haben dürfen

Glockenblume (Campanula). In mehreren Arten als Kissen, als Polster, als Teppichknüpfer, alle blühen blau oder lila oder weiß. Besonders schön mit ihren großen, silberblauen Blüten ist Campanula carpatica ›Karpatenkrone‹.
Steinbrech (Saxifraga). In mehreren Arten und vielen Sorten mit moosartigem Wuchs, mit Rosetten, besonders schön ist Saxifraga umbrosa ›Elliott‹ mit dunkelgrünen Rosetten und rosa Blütenmengen im Mai und Juni.
Thymian (Thymus). Beherrscht in Perfektion die Kunst, Blütenteppiche auszurollen. Blüte weiß, rosa, rot im Juni, Juli, würziger Blätterduft.
Ehrenpreis (Veronica prostrata). Zartblättrige Polster mit blauen Blüten im Juni, Juli.
Leberblümchen (Hepatica nobilis). Wer würde es nicht kennen mit seinen dreigeteilten Blättern und blauen Blüten im März und April.
Alpenveilchen. Cyclamen coum für den März, Cyclamen europaeum für den August, September, Cyclamen neapolitanum für September, Oktober. Besondere Kleinode für ausgesuchte Plätze.

Großstauden

Silberkerze (Cimicifuga cordifolia, C. ramosa). Schlanke aufrechte oder leicht überhängende weiße Blütentrauben vom Sommer bis zum Herbst. Halbschatten.
Riesenschleierkraut (Crambe cordifolia). Große, gezähnte Blätter, weiße, reich verzweigte Riesenschleier.

Mädesüß (Filipendula rubra ›Venusta magnifica‹). Rosarote Doldenrispen, schön am Bach und am Teichufer.
Mammutblatt (Gunnera chilensis). Blätter oft größer als ein Regenschirm. Mannshoch. Braucht Winterschutz.
Weidenblättrige Sonnenblume (Helianthus salicifolius). Exotisch wirkende Wildstaude mit gelben Blüten. Als Silhouette vor hellen Hintergrund setzen.
Herkulesstaude (Heracleum mantegazzianum). Riesenblätter. Blütendolden mit einem Meter Durchmesser!
Lattichstern (Ligularia clivorum). Dekorative, suppentellerartige Blätter um eine Vielzahl orangegoldener Sternblüten.
Federmohn (Macleaya cordata). Die bizarre Gestalt – blaugrüne, gelappte Blätter und federig weiße Blütenrispen – geben ihm einen fremdartigen Charakter.
Schaublatt (Rodgersia). Mit wundervollen, großen Blättern.
Sonnenhut (Rudbeckia maxima). Lederartiges Laub. Goldgelbe Blüten wie Sonnenhüte, zweimeterhohe Blütenstiele. Gleich hoch wird Rudbeckia nitida.

Welche Farne?

Das Farnkraut lebt von Feuchtigkeit, von vermoderndem Holz und vom Herbstlaub der Bäume, das sich in Humus verwandelt. Humus gibt es als Torf in Tüten zu kaufen. An Wasser und Schatten fehlt es nirgendwo.
Frauenfarn (Athyrium filix-femina). Mit mehrfach gefiederten, zartgrünen Wedeln, die meterhoch werden.
Wurmfarn (Dryopteris filix-mas). Bekannt aus fast allen Wäldern. Austrieb wie ein Bischofsstab.
Strauß- oder Trichterfarn (Matteucia struthiopteris). Leuchtend grüne Wedel, früher Austrieb, reizvolle braune Fruchtwedel. Wuchert gern.
Königsfarn (Osmunda regalis). Prachtvoller, mehr als meterhoher Frühlingsaustrieb, langanhaltende, gelbbraune Herbstfärbung.
Hirschzungenfarn (Phyllitis scolopendrium). Immergrüne, lederartige, kurze Wedel, oft mit leicht gewelltem Rand. Ein echter Gartenschatz.
Tüpfelfarn oder Engelsüß (Polypodium vulgare). Immergrün, mit fiederteiligen Wedeln. Wächst am besten, wo Rhododendron und Azaleen gut gedeihen.
Schildfarn (Polystichum setiferum). Moosgrüner, feingefiederter Waldfarn, der nicht zu entbehren ist.

Die schönsten Gräser

Gräser – schillernde Tautropfen – ein Ahnen unendlicher Schönheit. Gräser im Morgenlicht, im Wind, als Silhouette, in der Herbstreife, im Kleid des Rauhreifs, ein unaussprechliches Erlebnis.

Blaustrahlhafer (Avena sempervirens). Blaugrauer, straffer Gräserschopf mit langhalmigen, haferähnlichen Blüten und Fruchtständen.
Pampasgras (Cortaderia selloana). Mit silbernen Blütenfahnen, bis zweieinhalb Meter hoch. Am meisten bewundertes Gras aller Gärten. Braucht Winterschutz.
Blauschwingel (Festuca glauca). Blaugrüne Gräserpolster, am schönsten auf sonnigem, trockenem Standplatz.
Bärenfellgras (Festuca scoparia). Frischgrünes Graspolster, das sich kissenartig ausbreitet.
Riesenchinaschilf (Miscanthus japonicus). Wächst auch in trockenen Böden zu dreieinhalbmeterhohen Schilfdschungeln heran.
Zierliches Chinaschilf (Miscanthus sinensis ›Gracillimus‹). Schmalblättrige, leicht überhängende, mannshohe Gräserbüsche.
Stachelschweingras (Miscanthus sinensis ›Strictus‹). Straff aufrechte Blätter, die mit gelben Querstreifen geziert sind.
Pfeifengras (Molinia coerulea). Elegante und dichtgewachsene Gräserhorste mit bläulichen Blättern. Darüber fast meterhoch die feinen, im leisesten Wind schwankenden Rispen.
Rutenhirse (Panicum virgatum ›Strictum‹). Straffgebaute, zarte Blütenrispen, fast mannshoch werdende Büsche.
Lampenputzergras (Pennisetum compressum). Mit graugrünen Blättern und Ähren, die wegen der langen Grannen wie Lampenputzer aussehen. Pennisetum japonicum wird noch höher und hat Ähren mit weißen Spitzen.
Goldleistengras (Spartina michauxiana). Leicht überhängende Blätter mit gelben Längsstreifen. Die starkwachsenden Horste werden bald zu einer unendlich schönen, goldgelben Wildnis.
Reiherfedergras (Stipa barbata). Lange, silberseidige Grannen, wie Federn im leisesten Windzug wiegend, geben dem schmalblättrigen, graugrünen Gras einen eigenen Reiz.
Waldschmiele (Deschampsia caespitosa). Kniehohe, noch im Herbst dunkelgrüne Horste mit hüfthohen, gelbbraunen, lockeren Blütenrispen.
Morgensternsegge (Carex grayi). Mit dreikantigen Blättern und Frucht-

ständen, die an den Morgenstern – in diesem Fall die Landsknechtswaffe aus dem Mittelalter – erinnern.
Japansegge (Carex morrowii ›Variegata‹). Dunkelgrünes, hellgerandetes, immergrünes Gras, Schatten vertragend. Ein wertvoller Winterschmuck.
Riesensegge (Carex pendula). Breite, immergrüne, überhängende Blätter. Über meterhohe, graziös schwingende Blütenhalme mit herabpendelnden Ähren. Feuchtigkeit liebend.
Hainsimse oder Marbel (Luzula silvatica). Dunkelgrün, breitblättrig, wächst noch im tiefsten Schatten.

Wasser- und Sumpfpflanzen

Kalmus (Acorus). Schilfartig mit grünlichen Blüten im Juni und Juli.
Froschlöffel (Alisma). Löffelartige Blätter und weiße Blütenrispen von Juli bis September.
Blumenbinse (Butomus). Schilfartig, mit rosa Blütendolde im Juli, August.
Sumpf-Calla (Calla palustris). Herzförmige Blätter und weiße Blüten im Mai und Juni.
Sumpfdotterblume (Caltha palustris). Goldgelber Flor im April und Mai.
Tannenwedel (Hippuris). Man könnte an grüne Flaschenbürsten denken, die dicht an dicht aus dem Wasser wachsen. Unentbehrlich.
Fieberklee (Menyanthes). Dreiteilige Blätter, weiß-rötlich gefranste Blüten im Mai und Juni.
Pfeilkraut (Sagittaria). Pfeilförmige Blätter und rot geäugelte weiße Blüten im Juni und Juli.
Rohrkolben (Typha angustifolia). Schilf mit den bekannten braunen Kolben, Typha minima, ein Zwerg für kleine Becken.

Seerosen

Das größte Wasserwunder aber ist die Seerose. Außer dem Wasser, das mindestens 30 cm tief sein sollte, ist das Sonnenlicht für diese Blumen unerläßlich. Blütezeit Juni bis September.

Eine Auswahl der besten Sorten:
›James Brydon‹, dunkelrot, 40–60 cm Wassertiefe.

›Laydekeri Purpurata‹, karminrot, 20–40 cm Wassertiefe.
›Pöstlingberg‹ weiß, 40–80 cm Wassertiefe.
›Rosennymphe‹, pfirsichrosa, 40–60 cm Wassertiefe.
›Chromatella‹, gelb, 40–60 cm Wassertiefe.

Bestellung und Einkauf der Stauden

Alle Staudengärtnereien geben Kataloge heraus, in denen die Pflanzen kurz und präzis beschrieben sind. Meistens gibt es in diesen Katalogen noch Rubriken mit den Verzeichnissen derjenigen Stauden, die sich für Schatten, Sonne, Heidegärten, Steingärten, für die Gewinnung von Schnittblumen, für Bodenteppiche und für sonstige Zwecke besonders eignen. Von allen diesen Betrieben kann man sich die Pflanzen schicken lassen. Ebenso kann man Stauden in unseren modernen Gartencentern kaufen. Fast immer steht oder hängt dort hinter der jeweiligen Pflanze ein Farbbild, so daß man genau erfährt, wie das Gewächs in blühendem Zustand aussieht.
Beinahe jede Staudengärtnerei zieht heute ihre Pflanzen in kleinen oder größeren, meist viereckigen Töpfen aus Kunststoff heran, die man etwas großherrlich als Container bezeichnet. Diese Anzuchtmethode hat den Vorteil, daß man während des ganzen Jahres pflanzen kann. Der Nachteil eines Containers ist, daß man nicht erkennt, ob die Pflanzen ein ausgeprägtes Wurzelwerk besitzen. Diese Befürchtung braucht bei Staudengärtnereien nicht aufzukommen, die über das runde Zeichen mit dem Eindruck »Deutsche Qualitätsstauden« verfügen. Als Signet befindet sich in der Mitte dieses Gütezeichens die stilisierte Blüte einer Dicentra spectabilis, also des Tränenden Herzens.
Über den Pflanzplan soll man sich nicht allzu viele Gedanken machen. Wenn man die Auswahl nach Sonne und Schatten richtig getroffen hat, kann eigentlich nichts mehr passieren. Niemand wird auf den Gedanken kommen, den hohen Rittersporn als Wegeeinfassung und das Blaukissen ganz hinten auf die Rabatte zu pflanzen. Auch die Farbzusammenstellungen werfen keine großen Probleme auf. Lediglich bei sehr bunten Stauden, wie beispielsweise dem Phlox, ist es ratsam, in bestimmten Abständen eine Gruppe mit weiß blühenden Sorten zu pflanzen. Ansonsten beißen sich Blumenfarben nicht so sehr, wie man immer denkt. Ganz bestimmt unterlaufen bei der ersten Pflanzung etliche Fehler. Doch man sieht sie bereits im Sommer. Im Herbst oder im zeitigen Frühjahr ist es dann kin-

derleicht, ein paar Umänderungen vorzunehmen. Lediglich Päonien und Christrosen sind gegen das Verpflanzen allergisch.

Am wichtigsten für eine beständige Freude an den Stauden ist die Vorbereitung des Bodens. Auch für den Staudengarten gilt das Sprüchlein: So wie man sich bettet, so liegt man. Die Natur, die genügend Zeit zur Verfügung hat, bereitet das Bett für ihre Blumen mit Hilfe von Sonne und Frost, von Würmern, Käfern und anderem Getier, aus verfallendem Laub und Holz, aus verwitterndem Gestein und aus Salzen, die das Bodenwasser anspült. Unser Garten soll dagegen sofort oder doch in wenigen Wochen seine Schönheit entfalten.

Zumindest für drei bis fünf Jahre sollen alle Stauden an ihrem Platz verbleiben. Die Taglilie, die bereits erwähnten Hahnenfußgewächse wie Päonie und Christrose, desgleichen der Waldgeißbart und einige sonstige Arten werden sogar schöner und schöner, wenn man sie für Jahrzehnte in Ruhe läßt. Der Boden ist also für eine lange Zeit vorzubereiten. Deshalb soll man beim Umgraben sich lieber einmal zu viel als zu wenig bükken. Alle Wurzeln von Unkräutern, auch die kleinsten Teilstücke, müssen weg. Es wäre ein schöner Ärger, wenn zwischen den Blauschwingelgräsern plötzlich die Quecke wucherte. Bereits beim probeweisen Herausgraben des Veilchens haben wir gesehen, wie humushaltig der Boden ist, in dem diese Staude gedeiht. Also muß verrotteter Mist her. Wo der nicht zu beschaffen ist, streue man vor dem Umgraben ein Gemisch aus gleichen Teilen Blutmehl und Hornspänen aus, etwa vier gehäufte Sandschaufeln je Quadratmeter. An Torf, der wie immer anzufeuchten und in die oberste Bodenschicht einzugrubbern ist, soll man nicht sparen, um eine gute Qualität des Bodens zu erreichen.

Es kommt vor, daß die Wurzelballen von Stauden in Containern oder Blumentöpfen austrocknen. Dann sollte man die Gefäße so lange in Wasser stellen oder halten, bis keine Luftblasen mehr aufsteigen. Sind die Stauden ohne Erdballen, müssen die Wurzeln erst recht in Wasser getaucht oder überbraust werden, wenn sie trocken sind. Zu lange Wurzeln kürzt man mit einem scharfen Messer ein. Die sich an den Schnittstellen bildenden Faserwurzeln sollen zunächst in der oberen, am meisten mit Nährstoffen angereicherten Erdschicht verbleiben. Niemals ist es gut, wenn zu lange Wurzeln beim Pflanzen knicken.

Manche Stauden haben fleischige, rübenartige Wurzeln wie das Schleierkraut, der Mohn und das Tränende Herz. Man muß vorsichtig sein, daß diese Wurzeln nicht brechen oder verletzt werden. Mit dem Pflanzspaten oder noch besser mit der rechten Hand macht man ein entsprechend großes Loch, hält mit der linken Hand die Staude hinein, scharrt genügend

Erde zurück und drückt die Pflanze mit beiden Händen fest. Hinterher ist mit der Gießkanne zu wässern.

Bei einer Pflanzung im Herbst kann es nicht schaden, das Beet hinterher mit Nadelholzreisig abzudecken. Unbedingt nötig ist es allerdings nicht. Doch sollte man auf alle Fälle bei Tauwetter nach den ersten Frostzeiten in den Garten gehen. Es kommt vor, daß der Frost neugepflanzte, noch nicht fest eingewurzelte Stauden hochdrückt. Man muß sie dann mit der Hand wieder ins Erdreich zurückdrücken. Das Deckreisig ist rechtzeitig, am besten Anfang März, wegzunehmen. Sonst kann es in der Wärme dieses Winterschutzes zu vorzeitigem Austrieb kommen.

Alles Unkraut soll gejätet und des öfteren gehackt werden. Selbstverständlich schneiden wir auch von den Stauden alle verblühenden Blumen ab, um eine unnötige Samenbildung zu verhindern. Sonst ist im ersten Jahr an einer Staudenpflanzung nichts zu tun.

Bodenteppiche und flächige Unterpflanzungen von Gehölzen können aber nicht für alle Zeit sich selbst überlassen bleiben. Irgendeine der angepflanzten Stauden wird besonders stark sein und die anderen überwachsen. Ausgewogene Pflanzengemeinschaften, wie sie die Natur schafft, gelingen uns selten. Es bleibt also nichts anderes übrig, als hier und da regulierend einzugreifen. Man zupft und gräbt zu weit gesponnene Ausläufer der Taubnessel oder des Stachelnüßchens heraus, pflanzt sie woanders ein, verschenkt sie oder wirft sie auf den Kompost. Wer das regelmäßig in jedem Jahr einmal macht, hat mit seinen Pflanzungen keinen Verdruß, er kann sich Jahrzehnte an der Vielfalt des Staudenreichs erfreuen.

Nach drei, vier oder fünf Jahren haben sich die meisten Stauden derart bestockt und ausgebreitet, daß sie aus dem Boden genommen, geteilt und erneut gepflanzt werden müssen. Dafür wird der Boden dann wieder so vorbereitet, wie es bei der ersten Anlage geschehen ist. Von der Natur der Pflanzen her besteht jedoch kein Zwang zu dieser Teilung. Nur kann es vorkommen, daß Wuchskraft und Blütenreichtum dann nicht mehr unseren Erwartungen entsprechen. Beispielsweise breitet sich eine Iris mit ihren Rhizomen kreisartig aus, wobei sie dann nur noch am Rande dieses Kreises Blätter und Blüten treibt, innen bleibt alles kahl. Man muß sie also gelegentlich aufnehmen und die geteilten Rhizome erneut pflanzen. Aber bitte so flach, daß sie kaum mit Erde bedeckt sind, und möglichst in die volle Sonne.

Lediglich alpine Stauden brauchen eine Sonderbehandlung. Bei ihnen ist darauf zu achten, daß sich in oder gleich unter ihrem Wurzelbereich keine stauende Nässe bildet. Wenn die Gartenerde sehr schwer ist, empfiehlt es sich, unter den für alpine Stauden vorgesehenen Pflanzflächen entweder Schlacke oder Kies in den Boden einzubringen, damit das Wasser besser absickert. Sodann behalten fast alle Alpinen über Winter ihr grünes Laub. Sie sind es gewohnt, monatelang tief eingeschneit zu sein. Und wenn Pflanzen von Schnee zugedeckt sind, tut ihnen kein Wetter etwas zuleide. Der im Flachland übliche Wechsel von Frost und Tauwetter bekommt diesen Alpinen deswegen schlecht. Freilich, der Anstieg und das Absinken der Temperaturen läßt sich auch mit einer Schutzdecke aus Nadelholzzweigen nicht verhindern. Aber es gelingt uns mit dieser Schutzmaßnahme, wenigstens die helle Wintersonne und die ausdörrenden Ostwinde abzuwehren. Es empfiehlt sich deshalb, Nadelholzzweige über Pflanzungen mit alpinen Stauden auszubreiten, um damit wenigstens einen Teil des Effekts der gewohnten Schneedecke zu erzielen.

Der Garten kann nicht mit in die Ferien

Wohl jeder von uns meint, woanders sei es schöner als zu Hause. Beinahe gehört es schon zum guten Ton, wenigstens einmal im Jahr für vier Wochen in die Ferien zu fahren. Da hat man den Garten mit rechter Mühe in den Sommer hineingebracht, die Rittersporne und ersten Rosen blühen, und nun sollen Bäume, Blumen und Rasen für eine lange Zeit sich selbst überlassen bleiben, die Pflanzen von den Fensterbrettern und aus den Stuben kommen noch hinzu. In jedem Sommer erhebt sich die Frage, wie das grüne und blühende Reich am besten über die Runden der unvermeidlichen Ferien zu bringen ist.

Nehmen wir einmal an, die Abreise erfolge in den ersten Tagen des Juli. Da wäre zunächst einmal die Hecke zu schneiden, wenn es nicht schon geschehen ist. Jetzt sind nämlich die abgeschnittenen Zweige und Blätter besonders gut zu gebrauchen, wie wir gleich sehen werden. Dann geht es mit allen verfügbaren Hacken über die Unkräuter her. Diese Kräuter verstehen es glänzend, die Abwesenheit des Gärtners auszunützen, um sich massenhaft zu vermehren. Soweit die Unkräuter noch keine Samen angesetzt haben – was in einem ordentlich gepflegten Garten ohnehin nicht vorkommen darf –, sind sie ebenfalls gut zu gebrauchen. Es ist selbstverständlich, daß von Einjahrsblumen und Stauden, desgleichen von den Rosen, alle verblühten und verblühenden Blumen abgeschnitten werden. Weshalb auch sollen sie ihre ganze Kraft in die Ausbildung von Samen verbrauchen, der uns nichts nützt.

Spätestens zu diesem Zeitpunkt sind die abgewelkten Blütenstände der Rhododendronsträucher auszubrechen, damit die Neutriebe besser wachsen können. Auch die verdorrten Blütenstände des Flieders schneidet man ab. Es schadet dabei gar nichts, noch ein Stück der Stiele wegzunehmen. Dann bilden sich die Endknospen für den Flor im nächsten Jahr etwas tiefer, und man braucht nach einigen Jahren keine Leiter, um einen Strauß abzuschneiden.

Es bleibt die Frage, ob man den Garten während der Abwesenheit still vor sich hin blühen lassen soll, obwohl sich niemand daran erfreut. Oder ist es richtiger, das Erblühen der Pflanzen, soweit dies überhaupt möglich ist, um vier Wochen zu verzögern? Bei unseren modernen, während des Sommers wiederholt blühenden Rosen, bei vielen winterharten Blütenstauden und bei den meisten Einjahrsblumen ist das ohne weiteres möglich. Bei Zentifolien und Moosrosen, die nur ein einziges Mal blühen, geht es nicht. Doch die neueren Rosensorten treiben ohnehin wieder einen neuen Flor, wenn die ersten Blüten verwelkt und abgeschnitten worden sind. Mit dem Entfernen der noch nicht erblühten Knospen wird der Blumenschnitt lediglich um vierzehn Tage vorweggenommen, und der Austrieb für den zweiten Flor erfolgt entsprechend früher; die Rosen blühen auf, wenn wir aus den Ferien zurückgekehrt sind.

Freilich ist es ein deprimierendes Geschäft, die hoffnungsvollen Knospen abzuschneiden, aber was soll's! Mit den Knospen nimmt man das oberste, meist recht dünne Ende der Stiele einschließlich des ersten oder auch des zweiten Blattes weg. Nicht etwa, daß die ganzen Büsche heruntergesäbelt werden. Je tiefer der Schnitt, um so langsamer der neue Austrieb. Auch bei vielen Stauden wird die Veranlagung zum häufigeren Blühen – zum Remontieren – genutzt. Die erste Pracht des Rittersporns dürfte Anfang Juli fast vorbei sein. Wer die Blütenstände bis kurz über den Erdboden zurückschneidet und die Pflanzen mit Wasser sowie einer Handvoll Dünger versorgt, der kann im August den zweiten Flor erwarten. Es ist ratsam, die hohlen Stiele umzuknicken, damit kein Wasser in den Wurzelfilz sikkert und dort womöglich zu Fäulnis führt. Auch bei den frühen Sorten des Phlox und Helenium, deren Blütezeit in den Juli fallen würde, kann man die Knospen wegschneiden oder zumindest reduzieren, bei anderen Stauden ebenfalls. Von Sommerblumen, wie Astern, Zinnien, Löwenmäulchen, Cosmeen und wie immer sie heißen, kommen die Knospen ebenfalls weg. Wir wissen ja, daß sich diese Blumen um so besser verzweigen und um so reicher blühen, je mehr Sträuße man schneidet.

Alles muß im Zusammenhang mit einer erneuten Kräftigung der Pflanzen erfolgen. Die Rosen bekommen ihren letzten Dünger des Jahres, etwa eine Handvoll Blaukorn-Volldüngesalz je Quadratmeter Pflanzfläche. Dasselbe steht den Stauden und Einjahrsblumen zu. Der ausgestreute Dünger ist einzugrubbern und dann einzuwässern. Es läßt sich aber auch flüssiger Volldünger verwenden. Hinterher aber die Pflanzen mit der Gießkanne oder dem Schlauch überbrausen, damit die Blätter wieder reingewaschen werden!

Am wichtigsten ist es, den Boden überall reichlich mit Feuchtigkeit zu versorgen und Maßnahmen zu treffen, daß recht wenig Wasser durch Sonne und Wind verdunstet. Dazu gehört nach der ausgiebigen Wässerung zunächst das Hacken. Wir kennen aus dem Physikunterricht noch die Geschichte mit den Kapillarröhren; je enger sie sind, um so höher steigt das Wasser. Und diese Kapillarwirkung des Bodens wird durch das Aufhacken der obersten Bodenschicht zerstört. Über den aufgehackten Boden kann man schließlich den Heckenschnitt, die ausgejäteten Unkräuter, das nochmals abzumähende Gras der Rasenflächen oder auch Torf ausbreiten, den man vorher ordentlich gewässert hat. Dieses Abdecken des Bodens, das nicht hoch genug sein kann, bezeichnet der Gärtner als Mulchen. Nach den Ferien nimmt man alles weg und bringt es auf den Komposthaufen. Und nicht vergessen, daß auch der Rasen nochmals einen Dünger braucht, ehe es in die Ferien geht!

Zimmerpflanzen – zumindest die meisten von ihnen – kommen draußen im Garten am besten über die Runden. Im Gebüsch oder im Kronenschatten eines Baumes gräbt man die Töpfe ins Erdreich ein und überdeckt sie zusätzlich mit einer dicken Schicht Torf; man kann sie auch einfach hinstellen und dann in feuchten Torf einschichten. Gewächse mit weichen Blättern – wie Usambaraveilchen und Gloxinien – brauchen allerdings einen Regenschirm, also eine Folienüberspannung; bei anhaltendem Regenwetter könnten sie leicht faulen. Robustere epiphytische Orchideen hängt man in die Bäume und zieht sie in den Ferien öfter ins Nachtgebet ein. Wer empfindlichere Orchideen wie Phalaenopsis oder Frauenschuh-Hybriden hat, kann nicht in die Ferien fahren, oder er braucht eine freundliche Nachbarin, falls es an der Großmutter vom Urlaubsdienst mangelt.

In diesem Zusammenhang sei an jene Doppeltöpfe erinnert, die es in verschiedenen Fertigungen in den Fachgeschäften zu kaufen gibt. In dem größeren Mantelgefäß steckt ein kleinerer Topf. Unterhalb dieses kleineren Topfes verbleibt in dem größeren Topf ein Raum für Wasser oder für eine Nährlösung. Die in dem kleineren Topf stehende Pflanze saugt durch mehrere Dochte soviel Feuchtigkeit auf, wie sie braucht.

Besonders schwierig ist es mit den Blumenkästen an den Fenstern und auf dem Balkon. Da muß, wohl oder übel, der freundliche Nachbar her. Oder man schleppt auch diese Kästen an eine schattige Gartenstelle, stellt sie ganz dicht aneinander und schüttet sie, so weit es geht, mit feuchtem Torf ein.

Wer seinen Garten und seine Pflanzen so versorgt, der kann einigermaßen beruhigt in die Ferien fahren. Er sollte allerdings zwei Tage früher zurückkehren. Denn diese Zeit ist nötig, um alles wieder in Schwung und Ordnung zu bringen. Bitte aber das langgewordene Gras erst halblang und nach drei Wartetagen kurz mähen! Denn die Gräser sind durch den dichten Wuchs während der Ferienzeit weich geworden, und sie könnten verbrennen, wenn sie so plötzlich der hellen Sonne ausgesetzt würden.

Gärtnerfreuden ohne Garten

Balkonkästen sind für viele Menschen ein Ersatz für den Garten. Wer sich täglich um diese Mini-Gärten kümmert, der kann recht viel damit anfangen. Es ist eine Kleinigkeit, den ganzen Balkon mit einer undurchsichtigen grünen Gardine bewachsen zu lassen; mit dem japanischen Hopfen geht das am besten. Auch Tomaten, Salate, Küchenkräuter und Peperonis lassen sich in Balkonkästen ziehen. Sogar mit Wasserpflanzen – mit meterhohen Schilfgräsern zum Beispiel – ist viel Staat zu machen. Ich habe auch schon lange Reihen mannshoher, blühender Sonnenblumen in Balkonkästen gesehen. Von Natur aus kleinbleibende Gehölze – Zwerg-Nadelbäume etwa – kann man ohne weiteres in Balkonkästen ansiedeln, ebenso Rosen, Polsterstauden, alpine Gewächse wie Donnerwurz und Steinbrech, desgleichen Einjahrsblumen, von denen die Duftwicken für Balkonkästen besonders beliebt sind. Ebenso kann ich meine Balkonkästen im Herbst mit Blumenzwiebeln für den Frühlingsflor bepflanzen, mit Krokussen, Scilla, Wildalpenveilchen, niedrigen Narzissen, Märztulpen und Hyazinthen. Bis Ende Februar sollten die bepflanzten Kästen allerdings in der Balkonecke dicht beieinanderstehen und mit Torf – oder Erde – eingeschüttet sein. Es ist nicht gut, wenn Frost von allen Seiten an diese Knollen und Zwiebeln dringt, vor allem die Hyazinthen sind empfindlich.

Man muß sich immer darüber klar sein, daß Pflanzen in Balkonkästen den extremsten Witterungsverhältnissen ausgesetzt sind. Vor allem durch Großstadtstraßen zieht der Wind oft wie durch einen Kamin. Ausdrücklich sei also wiederholt, daß alle diese Gewächse – die Wasserpflanzen und die völlig anspruchslosen Donnerwurze ausgenommen – auf eine tägliche, umsichtige Betreuung angewiesen sind. Wo es dafür an Zeit mangelt, sollte man sich auf Pflanzen beschränken, die seit Jahrzehnten oder gar seit Jahrhunderten darauf trainiert worden sind, als Balkonpflanzen allen Anfechtungen zu widerstehen. Das sind für sonnige Balkons und Fenster an erster Stelle die Geranien oder Pelargonien, die es in aufrechten und herabhängenden Sorten gibt. Hinzu kommen, ebenfalls für die Sonnenseite, Petunien und Pantoffelblumen. Für etwas schattigere Balkons sind

Knollenbegonien und Fuchsien unübertrefflich, von denen man ganze Sammlungen anlegen kann; es gibt an die dreißig verschiedene Sorten. Beide Pflanzen, Knollenbegonien und Fuchsien, gibt es ebenfalls in aufrecht wachsenden und in herabhängenden Arten.

Die Grundregeln für diese Miniatur-Gärtnerei sind einfach. Einmal ist es recht gleichgültig, aus welchem Material die Kästen bestehen. Besonders dauerhaft und praktisch ist Asbestzement, das beste Wachstum jedoch erzielt man in Kästen aus Holz. Wichtig ist, daß Blumenkästen so geräumig wie möglich sind. Je mehr Erde hineingeht, um so besser. Die Erde selbst soll so beschaffen sein, daß sie vor allem die Feuchtigkeit lange festhält. Das erreicht man mit Torf, der ja im Erdboden wie ein Schwamm wirkt. Deshalb kann für Balkonkästen das handelsübliche Torfkultursubstrat empfohlen werden, und zwar TKS 2. Es gibt außerdem noch TKS 1, das jedoch weniger Nährstoffe enthält und sich mehr für die Aufzucht von Jungpflanzen eignet.

So stark die wasserhaltende Kraft der Erde sein soll, es darf doch nicht passieren, daß etwa bei starken Regenfällen das Wasser im Kasten stehenbleibt und nicht abfließt. Also müssen Abflußlöcher im Boden des Blumenkastens sein. Bei Kästen an Balkons und Fenstern über öffentlichen Straßen braucht man außerdem einen Untersatz, damit kein Wasser auf die Passanten herabtropft. Da es leicht dazu kommt, daß die Pflanzen mit ihren Wurzeln die Wasserabflußlöcher verstopfen, legt man vor dem Einfüllen der Erde ein paar Blumentopfscherben darüber. Am allerbesten ist es, unten in den Blumenkasten eine zwei Finger dicke Schicht scharfen Sand einzubringen.

Für die Abstände der einzelnen Pflanzen voneinander gibt es keine starren Regeln, es kommt auf deren Größe und auch auf den Geldbeutel an, man bekommt sehr schnell das richtige Augenmaß dafür, und weil sich die meisten Gewächse in Balkonkästen leicht verpflanzen lassen, sind Fehler schnell zu korrigieren. Die Pflanzzeit – oder die Zeit, in welcher die bepflanzten Kästen ins Freie kommen – richtet sich nach den Empfindlichkeiten der jeweiligen Blumen. So darf bei Geranien, Petunien, Fuchsien und Begonien keine Frostgefahr mehr bestehen. Weiter ist dafür zu sorgen, daß die Erde stets feucht bleibt, daß die Pflanzen in jeder Woche eine Düngung bekommen und alle verblühten Blumen abgeschnitten werden.

Die Überwinterung, das sei zugegeben, ist nicht ganz einfach. Denn in den meisten Kellern ist es zu eng und zu warm. Gut wären Temperaturen zwischen 10 und 12 Grad. Man entfernt alle trockenen Blätter und kümmert sich darum, daß die Erde nicht pulvertrocken wird. Ansonsten überläßt man die Fuchsien und Pelargonien über Winter sich selber. Die Petunien und Pantoffelblumen kommen im Herbst auf den Kompost. Die Knollen der Begonien überwintern, von trockenem Torf umgeben, in einer Schachtel auf dem Kellerregal. Im nächsten Frühjahr werden sie wieder eingepflanzt.

Es gibt allerlei Praktiken, die Knollen ab Anfang März im Zimmer vorzutreiben, um im Mai gleich blühstarke Pflanzen in die Kästen setzen zu können. Wo es sich räumlich einrichten läßt, sollten auch die Fuchsien und Pelargonien ab Anfang April ans Licht. Man schneidet sie stark zurück, pflanzt sie möglichst in frische Erde oder in das erwähnte Torfkultursubstrat TKS 2, gießt sie regelmäßig und schützt sie vor Frost.

Immer mal wieder anders

Ganz bestimmt gibt es keinen einzigen Garten, in dem von der ersten Pflanzung her alles stimmt. Außerdem sind gelegentliche Änderungen nicht nur erforderlich, sondern sie machen auch Spaß. Eine immer wieder gestellte Frage ist, wie lange sich Bäume, Sträucher und Rosen verpflanzen lassen. Daß bei den winterharten Stauden ein Zerteilen und erneutes Pflanzen alle paar Jahre direkt anzuraten ist, wurde in dem betreffenden Kapitel schon erwähnt.

Die Frage nach der Verpflanzbarkeit läßt sich aber nicht kurzerhand mit ein paar Zahlen beantworten. Wenn eine Eiche oder eine Lärche oder irgendein anderer Baum alle drei Jahre verpflanzt wird, kann man dies mit den entsprechenden Kränen und Maschinen auch noch tun, wenn der Baum hundertjährig ist. Bei jedem Verpflanzen durchschneidet man die zu langen Wurzeln, an den Schnittstellen bilden sich Faserwurzeln, und so bekommt der Baum allmählich einen festen Wurzelballen, mit dem er sich aus dem Boden heben und versetzen läßt. Viele Gehölze, allen voran Azaleen und Rhododendron, bilden von Natur her flache, fest verfilzte Wurzelballen aus. Deswegen lassen sich diese Sträucher am leichtesten verpflanzen, wenn sie älter sind.

Man wird mit diesen Fragen und den ganzen Problemen eines Gartens am ehesten fertig, wenn man ein wenig über die Lebensvorgänge in einer Pflanze nachdenkt. Wir wissen, daß dieses Leben vom Blattgrün abhängt. Je mehr gesunde Blätter beispielsweise eine Rose hat, um so mehr verzweigt sie sich und um so reicher blüht sie. Also schneide ich meine Rosen im Frühjahr so wenig wie möglich, daß sie recht bald recht viele Blätter treiben und dadurch wachsen und blühen können. Bei jedem Verpflanzen ist daran zu denken, daß viele Blätter entsprechend viel Wasser verdunsten. Wenn ich meine Astern auspflanze, greife ich mit der Hand einen ganzen Klumpen Erde aus dem Saatbeet, in dem die Wurzeln eingebettet sind. Außerdem mache ich das bei trübem oder gar regnerischem Wetter, weil die Verdunstung bei sonnigem Wetter größer ist.

Bei Rosen, den meisten Sträuchern und Laubbäumen ist das aber nicht möglich. Die Erde fällt aus den mehrfach durchstochenen und hinterher glattzuschneidenden Wurzeln heraus. Ließe der Strauch oder Baum nun Blätter aus allen vorhandenen Knospen wachsen, so könnten die reduzierten Wurzeln sie nicht ausreichend mit Wasser versorgen. Ich muß also die Zahl der Blattknospen verringern und dem Gehölz etliche Zweige und vielleicht sogar Äste wegschneiden. Von Nadelbäumen und den meisten immergrünen Sträuchern läßt sich nichts wegschneiden. Deswegen müssen diese Gehölze einen festen Wurzelballen haben, wenn ich sie verpflanzen will. Weil aber auch dabei die Menge der Wurzeln reduziert wird, verringere ich die Wasserverdunstung der Blätter durch künstlichen Schatten.

Bleibt noch die Frage nach der günstigsten Zeit für derlei Veränderungen im Garten. Nun, das ist zweifellos der Herbst. Solange der Boden noch nicht gefroren ist, wachsen die Wurzeln, ohne daß sie – zumindest bei laubabwerfenden Gehölzen – die Blätter mit Wasser versorgen müssen. Ebensogut geht es aber im März und im April. Der Frühling ist eine derart kraftvolle Jahreszeit, daß sich jemand schon sehr dumm anstellen muß, wenn ihm beim Verpflanzen etwas mißlingen soll. Im übrigen gehört hierzu, wie überhaupt für den Umgang mit dem Garten und seinen Pflanzen, etwas Einfühlsamkeit, Liebe, Geduld und vor allem – da es sich durchweg um lebendige Geschöpfe handelt – Glück.

Register

Es werden nur die deutschen Namen verzeichnet; fehlen deutsche, werden die lateinischen gegeben.

Bildnachweis

Karl Heinz Hanisch, Baden-Baden, 119
Elisabeth Hase, Frankfurt/M. Eschersheim, 67, 101, 102, 120
Wilhelm Schacht, Frasdorf/Oberbayern, 49, 50, 68 beide

Alle weiteren Illustrationen wurden von Fritz Windscheif, Kassel, gezeichnet. Gartenplan und Perspektive nach Vorlagen von Karl Plomin.